I. BOULANGER

DOCTEUR DOZOUS
(de Lourdes)

LA GROTTE
DE LOURDES

SA FONTAINE, SES GUÉRISONS

Credidi, quia vidi, propter quod locutus sum.

PARIS
GUÉRIN-MULLER ET Cⁱᵉ, DÉPOSITAIRES
CHANCHE, ÉDITEUR

PARIS | AUCH
3, rue du Grand-Chantier, 3 | 17, rue de la Préfecture, 17
SUCCURSALE A LOURDES

LA GROTTE
DE LOURDES

Auch. — Imprimerie Auscitaine, A. Thibault.

DOCTEUR DOZOUS

(de Lourdes)

LA GROTTE

DE LOURDES

SA FONTAINE, SES GUÉRISONS

—

Credidi, quia vidi, propter quod locutus sum.

PARIS

GUÉRIN-MULLER ET Cie, DÉPOSITAIRES

CHANCHE, ÉDITEUR

PARIS	AUCH
3, rue du Grand-Chantier, 3	17, rue de la Préfecture, 17

SUCCURSALE A LOURDES

AVANT-PROPOS

Je reçois depuis fort longtemps de toutes parts, mais le plus souvent de personnes qui marquent dans les classes supérieures de la société, des questions journalières et pressantes sur les particularités du grand fait religieux qui s'est produit à Lourdes, et dont j'ai été le témoin oculaire. Je me décide aujourd'hui, pour donner satisfaction à tant de désirs, pour calmer tant d'impatiences, à développer franchement, consciencieusement tous les détails de ce fait, qui a si profondément ému l'univers catholique et transformé notre cité en un lieu de rendez-vous pour toutes les contrées de la terre.

Comme j'ai assisté à toutes les stations religieuses de Bernadette Soubirous, j'aurais pu en écrire depuis fort longtemps l'intéressante histoire. Je me suis laissé jusqu'à présent arrêter par la pensée que des hommes trop disposés à repousser mes récits pourraient m'accuser, avec quelque apparence de raison, d'altérer ou d'exagérer les faits, en vue d'un intérêt personnel et pour attirer dans la ville de Lourdes un grand concours d'étrangers.

Aujourd'hui que la cause est instruite et gagnée, je n'hésite pas à produire mon témoignage, encore qu'il doive paraître inutile et tardif. Il ne le sera point, s'il peut, comme je l'espère, éclairer plus complétement quelques parties de mon sujet et dissiper, dans quelques âmes de bonne foi, un reste de doute ou de parti-pris. En tout cas, j'aurai satisfait ma conscience par un hommage public et désintéressé à la vérité qu'il m'a été donné d'étudier de si près : « *Credidi propter quod locutus sum.* »

LA GROTTE

DE NOTRE-DAME DE LOURDES

I

Histoire de Lourdes.

La ville de Lourdes s'élève à l'entrée des vallées du Lavedan, en avant de la chaîne des Pyrénées et vis-à-vis du milieu de cette chaîne; elle s'étend parallèlement aux rochers isolés sur lesquels est bâti son magnifique château.

Son origine doit remonter à l'époque des Ibères, les premiers habitants de nos contrées dans les temps historiques; ses annales se rattachent à celles de tous les peuples qui ont successivement occupé les régions pyrénéennes.

Les Ibères, Euskariens ou Basques, qui s'étaient solidement établis dans les diverses vallées de la chaîne des Albères, résistèrent à diverses invasions celtiques ou gauloises.

La puissance romaine put seule les déloger

des positions qu'ils occupaient dans les parties centrales de cette vaste chaîne et les refouler dans son extrémité occidentale, où on les voit encore en possession de leurs mœurs, de leurs habitudes, de leurs institutions et de ce riche et singulier idiome que les siècles et le contact des autres peuples n'ont pu sérieusement altérer.

La ville de Lourdes, après la conquête des Gaules par Jules César, de l'Aquitaine par Crassus, son lieutenant, dut être occupée par des légions romaines, jusqu'à la grande irruption des Barbares, qui eut lieu l'an 404 de l'ère chrétienne.

L'année suivante, Alaric, roi des Visigoths, s'emparait de Rome.

Les populations guerrières conduites par ce chef redoutable envahirent bientôt après les Gaules et s'emparèrent de l'Aquitaine, où elles établirent leur domination.

La ville de Lourdes et son château durent être, pendant un siècle, entre leurs mains, comme la clef de tous les grands passages qui mènent dans les belles régions de l'Ibérie. Il est difficile d'en connaître l'histoire sous la domination franque, qui succéda à celle des Visigoths. Mais, au huitième siècle, une légende curieuse y place un illustre chef sarrasin qui aurait été vaincu par Charlemagne.

Mira, le général infidèle qui défendait la ville de Lourdes, avec des soldats aguerris comme lui, opposa au puissant empereur des Francs une résistance opiniâtre. Il ne se laissa chasser de la ville qu'après avoir livré de terribles combats.

Réfugié dans le château, comme dans un nid d'aigle, il lutta encore très-vigoureusement contre toutes les légions de Charlemagne, et ne se décida à accepter l'honorable capitulation que le redoutable empereur lui faisait offrir par l'évêque du Puy, que lorsqu'il eut épuisé toutes ses provisions.

Il mérita, par son héroïque résistance, que Charlemagne l'honorât de son amitié et luï confiât le commandement de cette belle province de la Gascogne, où Mira introduisit toutes les institutions militaires des peuples arabes.

Il s'en servit pour former de belles légions, qu'il envoya à Louis, fils de Charlemagne, à l'époque où ce puissant empereur cherchait à arrêter les efforts des peuples du Nord, dont les irruptions sans cesse renouvelées menaçaient l'intégrité du vaste empire qu'il avait fondé.

Mira et tous ses vaillants soldats voulurent être, comme les Francs de Charlemagne, enfants du christianisme. Ils se firent instruire et baptiser par l'évêque du Puy.

Quoi qu'il en soit de cette chronique fort suspecte, la ville de Lourdes et son château furent depuis la propriété des rois de France jusqu'au traité de Bretigny, en 1360. Ils passèrent alors sous la domination de l'Angleterre, qui les conserva pendant près de cent cinquante ans, malgré tous les efforts tentés à diverses époques, et particulièrement en 1418 par le duc d'Anjou.

A plusieurs reprises, pendant cette période, ils furent occupés par des compagnies d'aventuriers qui portaient le ravage dans toute la province. On signale en particulier une incursion des *gens de Lourdes* jusqu'aux environs d'Auch, en décembre 1385. (*Revue de Gascogne*, t. XIII, p. 140.)

Ce ne fut que longtemps après que Jean de Grailly, fils du captal de Buch, l'héritier de la grande maison de Foix, délivra définitivement la place du joug de l'étranger.

Le nom du château de Lourdes se trouve mêlé depuis à toutes les guerres qui troublèrent la contrée. Ainsi les guerres de religion le trouvèrent formidablement armé.

En 1563, le baron d'Arros y parut à la tête des religionnaires. Il ne laissa partout, sur son passage, que des traces de sang et d'incendie.

Dans les temps modernes, le château et la ville de Lourdes eurent des gouverneurs militaires établis par l'autorité royale, et assez souvent renouvelés, surtout lorsqu'il s'établissait des discussions entre eux et les habitants de la ville.

Ainsi, sous Louis XV, le commandant de Bellegarde, qui exerçait son autorité d'une manière très-dure pour les habitants, se vit, sur leurs demandes réitérées adressées au gouvernement du roi, et leur requête au maréchal de Richelieu, qui traversait la cité pour se rendre aux eaux de Baréges, obligé de quitter immédiatement le poste qu'il occupait depuis plusieurs années.

Depuis les événements de cette époque, dont le souvenir s'est perpétué jusqu'à nos jours, la ville, qui avait conservé son enceinte fortifiée, flanquée de nombreuses et hautes tours, est devenue ville ouverte de tous côtés, débarrassée des épaisses murailles qui gênaient son développement régulier.

Le château, qui était dans les derniers temps de l'ancien régime une prison formidable, n'a conservé dans les cachots de sa tour que le souvenir de la dure captivité infligée aux victimes, parfois plus imprudentes que coupables, des vengeances et des haines de cour.

On raconte que, lorsqu'en 1789 les cachots du donjon furent ouverts, des prisonniers encore jeunes, mais minés par de longues privations, effrayèrent, par leur aspect sinistre, les témoins de leur délivrance. L'éclat de la lumière les incommoda si vivement, qu'ils ne purent d'abord y habituer leurs yeux. Ils demandaient à rentrer dans leur sombre demeure, pour y finir une vie depuis longtemps privée pour eux de tous ses charmes.

Durant la guerre que le premier Empire fit à l'Espagne, le château devint la prison d'une vingtaine de Castillans de haute condition. Ces nobles détenus, fatigués d'une inaction d'autant plus pénible pour eux qu'à l'heure même leur pays luttait vigoureusement contre toutes les armées de Napoléon, résolurent de mettre fin à leur captivité. Ils se procurèrent insensiblement des paquets de ficelle, avec lesquels ils firent une corde fort longue, qu'ils fixèrent solidement aux barres de fer d'une des croisées du château. Ils se laissèrent glisser ensuite, les uns après les autres, le long de cette corde.

Malheureusement, le dernier d'entre eux, se servant mal de ce moyen de salut, tomba d'assez haut sur le sol et dans sa chute se cassa une jambe.

Ce contre-temps fâcheux n'arrêta pas ces hardis soldats de l'indépendance espagnole. Ils se dirigèrent courageusement, en portant alternativement leur camarade sur leurs épaules, jusqu'au port de Gavarnie. Ils allaient heureusement le franchir, lorsqu'ils furent surpris et

arrêtés par les douaniers français, qui les ramenèrent au château de Lourdes, où ils furent
gardés avec plus de soin.

Le gouvernement français, averti par cette
évasion hardie des dispositions de ces courageux Castillans, les éloigna bientôt de la frontière espagnole. Ils ne furent rendus à la liberté
qu'à l'époque de la paix générale.

L'armée commandée par le duc de Wellington,
marchant sur Toulouse, ne s'occupa pas du
château de Lourdes, qu'elle laissa sur ses derrières, sans qu'il lui inspirât la moindre frayeur.
Un *très-antique commandant*, qui était chargé de
la défense de la place, y découvrit un abri sûr,
qui devait le préserver de toute atteinte mortelle,
si les légions anglaises se présentaient pour en
faire le siége.

Aujourd'hui, ce château, déclassé fort heureusement pour les habitants de Lourdes, n'est plus
qu'un poste militaire et un dépôt de munitions
de guerre.

Trois employés militaires suffisent à sa garde.
Ils donnent constamment satisfaction à la curiosité des étrangers qui veulent le visiter et jouir
de la vue magnifique qu'il offre de toutes parts.

Tel est, résumé en quelques mots, le passé
historique de cette ville de Lourdes, patrie de

Bernadette Soubirous, pauvre jeune fille aujourd'hui célèbre dans toute la catholicité, et qui a le premier rôle dans le drame merveilleux que je vais raconter.

II

Les grottes de Massabielle. — Première apparition.

Derrière le château, dont la base est baignée par un torrent rapide, provenant de la fonte des neiges et des glaciers éternels des monts les plus élevés de la chaîne des Pyrénées, apparaît à une certaine distance, et le long de ce torrent, un rocher assez étendu, creusé d'excavations qui, dans la contrée, sont connues sous le nom de grottes de *Massabielle*. C'est le lieu où se passe l'action dont j'ai entrepris le récit.

La jeune fille que j'ai déjà nommée, enfant de pauvres artisans, avait passé son enfance dans une maison de laboureurs honnêtes, qui l'avaient élevée avec assez de soin, et qui l'employaient d'ordinaire à la garde d'un troupeau de brebis.

Elle avait été initiée de bonne heure par sa nourrice à la pratique de toutes les vertus chrétiennes. Aussi la voyait-on souvent, pendant que ses brebis paissaient, s'agenouiller et égrener pieusement son chapelet.

Sa mère, ayant besoin d'elle pour l'aider à supporter les charges de sa famille, qui étaient devenues nombreuses, la rappela dans sa maison.

Bernadette avait alors quatorze ans.

Le 11 février 1858, cette jeune fille, en compagnie de sa sœur Marie et d'une de leurs amies, du même âge qu'elles, se dirigea vers les grottes de Massabielle, afin de se procurer des débris de bois sec pour les besoins de sa pauvre maison. Pendant qu'elle était en face de ces grottes, sur la rive droite du canal des usines situées en amont de ce lieu, un bruit semblable à celui que produit le vent, lorsqu'il agite vivement les feuilles des arbres, attira son attention.

Ce bruit, se renouvelant bientôt après avec une nouvelle intensité, étonna la jeune fille, qui leva la tête et porta ses regards du côté des grottes de Massabielle, d'où le bruit paraissait venir. Dans une ouverture oblongue de ces grottes, située à une certaine distance du sol, sur un petit bloc de granit séparé de la masse rocheuse, de nature calcaire, et formant là une espèce de piédestal, elle aperçut une apparition de forme humaine, entourée d'une vive lumière.

A cette vue, Bernadette, saisie d'une grande frayeur, fut sur le point de prendre la fuite. Mais, retenue par une force puissante à la place qu'elle occupait, elle tomba à genoux, ôta un

chapelet de sa poche et se mit à prier en l'égrenant; puis, un peu plus rassurée, elle dirigea
timidement sa vue vers l'ouverture de la Grotte
où elle avait aperçu l'apparition; elle l'y vit encore, sous la même forme, lui souriant gracieusement, tenant un chapelet entre ses mains,
l'égrenant comme elle, et la rassurant par son
regard affectueux et par l'expression amicale de
son visage.

Bernadette, devenue calme et maîtresse d'elle-
même, conserva la position qu'elle avait prise à
genoux et contempla dans un recueillement profond cette apparition merveilleuse, d'une beauté
incomparable, qui ne lui causait plus aucune
frayeur.

Elle put tout à son aise admirer ce qu'il y avait
de charme dans tout son extérieur et d'aimable
simplicité dans le costume qu'elle portait.

Elle était vêtue d'une longue robe d'une blan-
cheur éclatante, tombant jusque sur les pieds,
sans les couvrir; car elle laissait paraître deux
roses couleur d'or s'épanouissant sur chacun
d'eux. Une ceinture bleue entourant le milieu du
corps retombait en deux larges rubans, aux on-
dulations nombreuses, jusqu'à la naissance des
pieds; un voile blanc, fixé autour de la tête, des-
cendait jusqu'au bas du corps, sans l'envelopper
tout à fait; un chapelet à chaîne d'or et à grains

blancs comme l'albâtre tombait de ses mains jointes : nul ornement ne parait cette apparition extraordinaire.

Bernadette, qui ne cessait de la contempler avec ravissement, fut émerveillée de l'éclat de ses yeux bleus, qui avaient une expression de béatitude céleste.

La jeune fille, dans l'attitude la plus recueillie, durant cette apparition surnaturelle, suivait avec attention tous les mouvements de l'être mystérieux qui, en la rassurant de plus en plus par ses manières douces et bienveillantes, lui inspira une entière confiance.

L'apparition, élevant alors la main droite vers son front, détermina Bernadette à suivre son mouvement. Après qu'elles eurent en même temps exécuté le signe de la Croix, l'apparition, suivie d'une vive lumière, disparut promptement.

III

Nouvelles apparitions. — Emotion populaire.

Bernadette, étonnée de tout ce qu'elle venait de voir et d'admirer, ne put d'un instant quitter la place qu'elle occupait à genoux sur la rive droite du canal des usines, pendant que sa sœur Marie et leur jeune amie, qui avaient traversé le ruisseau depuis un certain temps, étaient occupées à arranger leurs fagots et à les lier sous la voûte de la Grotte.

Remise enfin de l'émotion vive qu'elle avait éprouvée durant cette scène si surprenante, elle se décida, après s'être déchaussée, à traverser le canal qui la séparait des grottes de Massabielle et de ses deux compagnes.

Quand elle fut près d'elles, elle leur demanda si elles n'avaient rien vu. Sur leur réponse négative, elle se tut.

Les trois amies quittèrent alors les grottes et se dirigèrent lentement, péniblement vers le haut des rives de Massabielle, par des sentiers rocailleux et couverts d'épaisses broussailles, Marie et leur jeune compagne portant sur leur tête les fagots qu'elles avaient faits le long du canal des usines.

Chemin faisant, Bernadette, que le souvenir de son apparition merveilleuse n'abandonnait point, le cœur oppressé par un sentiment qu'elle ne pouvait plus longtemps contenir, s'adressa de nouveau à ses deux compagnes, pour savoir si, pendant qu'elles arrangeaient leurs fagots sous la voûte de la Grotte, elles n'avaient point aperçu au-dessus de leurs têtes une dame jeune, vêtue d'une robe blanche, ayant un chapelet entre ses mains jointes, souriant gracieusement. Marie et sa jeune compagne lui répondirent qu'elles n'avaient point vu cette dame. Alors Bernadette, sortant tout à fait de la réserve qu'elle s'était d'abord imposée, leur dit : « Promettez-moi d'être discrètes et de garder absolument le secret que je vais vous confier. » Sur la promesse qu'elles lui firent, elle entra avec elles dans tous les détails de la scène mystérieuse à laquelle elle venait d'assister.

Après cette confidence, qui venait d'alléger le cœur de la timide Bernadette, les trois jeunes filles cheminèrent vers la ville, en silence et dans un état d'étonnement extrême.

Bernadette et sa sœur Marie, qui avaient mis

plus de temps qu'il n'en faut ordinairement pour se procurer un peu de bois sec, furent grondées par leur mère.

Alors Marie, se plaçant amicalement entre ses bras, lui dit : « Mère, ne nous gronde pas, nous ne méritons pas de reproche aujourd'hui. » Et elle se mit à lui raconter tout ce que Bernadette lui avait appris.

La mère, étonnée de ce récit, fit observer à sa fille Marie que Bernadette pouvait avoir mal vu, et qu'il ne fallait pas accepter facilement toutes ces choses. Puis, s'adressant à Bernadette, elle lui fit répéter le récit qu'elle avait fait à ses deux compagnes, et l'engagea à ne plus aller aux grottes de Massabielle; ce que sa fille, visiblement contrariée de cette recommandation, ne parut pas lui promettre.

Bernadette, sous l'empire de son apparition, ne pouvait un seul instant l'oublier. Elle ne cessait d'en parler à sa sœur et aux filles de son âge; elle désirait ardemment la revoir.

Quand on lui en parlait pour en avoir une idée, et qu'on la priait d'indiquer quelque femme de sa connaissance, jeune et belle, à laquelle on pût la comparer, Bernadette répondait qu'elle n'avait jamais rien vu de semblable.

Tourmentée par le désir ardent de revenir à la Grotte, elle cherchait le moyen de satisfaire l'espèce de passion qui s'était emparée d'elle. L'occasion lui en fut offerte par des amies de la famille qui, ayant entendu parler de cette apparition, dont on s'occupait déjà dans toute la ville, se rendirent auprès de la mère pour l'engager à permettre à Bernadette d'aller encore une fois aux grottes de Massabielle.

L'excellente femme ne pouvait repousser une prière qui lui était adressée avec instance par des personnes qu'elle aimait; elle accorda la permission demandée.

Ces personnes amies firent observer à la femme Soubirous que si l'apparition qui s'offrirait à Bernadette était, par exemple, le mauvais esprit, Bernadette le chasserait en jetant sur lui de l'eau bénite, dont on aurait soin de la munir; que si, au contraire, cette apparition était un esprit céleste, Bernadette et sa famille, honorées d'une grande faveur, pourraient en retirer de réels avantages.

Le dimanche 14 février, Bernadette, après que sa mère l'eut suppliée de prendre toutes sortes de précautions, pour ne point se faire de mal en descendant les pentes si difficiles et si raides des rives de Massabielle, entendit la messe à l'église de la paroisse, en compagnie de quelques amies de son âge. Après quoi, vivement préoccupée de la première apparition de sa dame, elle se rendit aux grottes de Massabielle, munie d'une bouteille d'eau bénite.

Chemin faisant, d'autres filles du même âge, se joignant à tout instant à ce jeune groupe, fournirent à Bernadette une suite assez nombreuse, qui fut fort remarquée par toutes les personnes qui virent ces jeunes filles, pleines d'animation, aux allures vives, à la démarche décidée.

Après avoir fort péniblement descendu les rives de Massabielle, elles s'agenouillèrent, à l'imitation de Bernadette, en face de la Grotte et se mirent en prières, quelques-unes récitant comme elle le chapelet.

Elles attendirent dans cette position l'arrivée de la dame mystérieuse, qui bientôt apparut à Bernadette, précédée d'une vive lumière.

Aussitôt que celle-ci la vit, elle s'empressa de dire à ses amies : « La voilà ! la voilà ! Elle sourit, elle s'avance vers moi ; elle veut me donner la main. »

Bernadette, que ses compagnes n'avaient pas perdue de vue un seul instant, reçut d'elles la bouteille d'eau bénite qu'elle leur avait remise, pour pouvoir, en aspergeant les pieds de son apparition, lui demander qui elle était.

L'apparition, chaque fois que l'enfant jetait de l'eau bénite vers l'ouverture de la Grotte où elle s'était placée, devenait plus gracieuse, l'engageant par le geste et le regard à avoir confiance en elle et à ne pas la prendre pour le méchant esprit.

Bernadette, séduite par tant de douceur, par la beauté de ces formes célestes, par l'éclat des yeux de cette apparition, ne put que prier avec ferveur, égrenant, comme l'apparition elle-même, le chapelet qui pendait de ses mains jointes.

Après que cette prière fut terminée, l'apparition mystérieuse, portant à son front la croix du chapelet, disparut promptement au milieu d'une vive lumière.

Bernadette, qui pendant cette scène s'était montrée à ses compagnes dans un état de ravissement extraordinaire, produisit sur elles une impression profonde. Elles gardèrent fort longtemps, à genoux près de Bernadette, la position qu'elles avaient prise, et ne la quittèrent que lorsque Bernadette se fut levée. Elles gravirent lentement les pentes de Massabielle, rentrèrent en ville presque entièrement silencieuses, marchant très-affectueusement à côté de leur amie.

L'attitude de ce groupe, cheminant au milieu d'une curiosité que tout excitait, porta bien des personnes à adresser aux jeunes filles une foule de questions, qui ébruitèrent bien vite cette

affaire et en firent le sujet de conversations
générales.

A compter de ce jour, il fut sans cesse question, dans la ville, de Bernadette et de l'être
mystérieux qui lui apparaissait aux grottes de
Massabielle. L'attention publique ne la perdit
plus un instant de vue, et tous ses mouvements
furent épiés avec un soin tout particulier.

Quand elle fut rentrée dans sa maison et
qu'elle eut dit à sa mère ce qu'elle avait vu, que
ses jeunes compagnes eurent parlé à cette dernière de l'attitude de Bernadette devant l'apparition, la mère dit à sa fille qu'il ne fallait plus
aller à la Grotte et perdre en courses sans
utilité un temps précieux.

Cette nouvelle défense de la femme Soubirous,
faite avec une ferme autorité, terrifia sa fille et
lui causa un très-grand chagrin. Ses amies,
contrariées aussi d'une telle défense, parlèrent
à bien des personnes de Lourdes de la sévérité
de la mère de Bernadette et du mécontentement
de la pauvre enfant.

Deux personnes amies de la famille Soubirous,
Mme veuve Millet et Antoinette Peyret, qui
avaient appris de la bouche des compagnes de
Bernadette ce qui s'était passé devant les grottes
de Massabielle, et qui désiraient voir aux mêmes
lieux Bernadette en prières, se rendirent auprès

de la femme Soubirous, pour la prier de permettre à sa fille d'aller encore une fois aux grottes de Massabielle, en leur compagnie, sans autre suite. Bernadette, qu'un instinct impérieux poussait sans cesse vers le lieu des apparitions, joignit ses prières à celles des amies de sa famille, pour obtenir l'autorisation si vivement demandée.

La femme Soubirous se laissa fléchir, et Bernadette put encore donner entière satisfaction au besoin qu'elle éprouvait de revoir le lieu où la dame lui avait déjà apparu deux fois.

Le lendemain matin, jeudi 18 février, Mme veuve Millet, Antoinette Peyret et Bernadette, après avoir entendu la messe à l'église de la paroisse, vers cinq heures du matin, s'acheminèrent du côté des grottes de Massabielle.

Bernadette, pressée d'y arriver, hâta le pas, sans éprouver la moindre fatigue, malgré la rapidité, la longueur et les aspérités des pentes. Elle laissa bien loin derrière elle ses deux compagnes. Parvenue devant les grottes, elle se mit aussitôt à genoux et en prières. Bientôt la dame, précédée d'une vive lumière, lui apparut, se plaçant gracieusement dans l'ouverture oblongue dont j'ai déjà parlé.

Dans ce moment, Mme Millet et Antoinette Peyret, qui avaient activé leur marche autant qu'elles l'avaient pu, arrivèrent devant les grottes, munies d'une feuille de papier, d'une écritoire et d'une plume, pour que la dame qui apparaissait à Bernadette pût faire savoir par écrit qui elle était et ce qu'elle voulait.

Elles s'agenouillèrent non loin de l'enfant, se mirent en prières comme elle, attendant qu'elle leur parlât de la dame et de ses réponses aux questions qu'elle devait lui adresser.

Comme elles virent le visage de Bernadette dans un état de transformation qui les étonna, elles pensèrent qu'elle était en présence de son apparition. Bernadette, les entendant parler, leur dit : « Elle est là, elle me fait signe d'avancer. — Demande-lui si elle est fâchée que nous soyons ici à tes côtés? Si cela lui déplaît, nous allons nous éloigner. »

Bernadette, se tournant vers la dame, attendit sa réponse : « Vous pouvez rester ici », dit-elle.

Les deux femmes se rapprochèrent autant qu'elles le purent de Bernadette, en se tenant toujours à genoux, et allumèrent le cierge bénit qu'elles avaient apporté.

Bernadette, égrenant toujours son chapelet et dans un ravissement extraordinaire, contemplait avec bonheur sa dame mystérieuse.

Dans ce moment de félicité suprême, ses deux compagnes, interrompant un instant leurs prières, s'adressèrent vivement à la jeune fille pour l'engager à se rapprocher de la dame, puisqu'elle le lui demandait, et la prier de dire qui elle était, pourquoi elle était là, ce qu'elle voulait enfin.

Bernadette, munie du papier, de l'encre et de la plume, s'avança vers l'apparition, qui, la voyant arriver, l'encourageait d'un regard bienveillant, sans cependant garder la même position dans la petite ouverture de la Grotte.

A chaque pas en avant que faisait Bernadette, la dame s'enfonçait dans l'intérieur de la Grotte. Elle disparut même un instant. La jeune fille, montant alors jusqu'au haut de l'excavation, sans quitter le papier, l'écritoire et la plume, l'aperçut au travers d'une des ouvertures supérieures.

Mme Millet et Antoinette Peyret, croyant que, dans ce moment, un colloque allait s'établir entre Bernadette et la dame, s'avancèrent pour l'entendre.

Bernadette les arrêta d'un geste, parce que telle était la volonté de la dame.

Ces deux personnes s'éloignèrent alors un peu. La jeune fille, s'adressant aussitôt à l'être mystérieux, le pria, s'il avait quelque chose à lui faire connaître, de vouloir bien l'écrire sur le papier qu'elle lui présentait.

A cette prière, la dame répondit par un doux sourire, et, prenant la parole : « Je n'ai besoin de rien écrire; je vous demanderai seulement d'être assez bonne pour venir ici durant quinze jours. »

Bernadette lui fit cette promesse, et du fond de son cœur. La dame, par un regard très-gracieux, lui exprima son parfait contentement, prenant ainsi à son égard l'engagement de se rendre elle-même dans ces lieux, durant le même espace de temps. Puis, s'occupant d'elle, elle lui déclara qu'elle ne pouvait la rendre heureuse dans ce monde, mais bien dans l'autre.

Après ces paroles, Bernadette se rapprocha de ses deux compagnes, sans jamais abandonner du regard la dame, qui dans ce moment fixait avec une bienveillante attention ses regards sur Antoinette Peyret. Bernadette le dit aussitôt à cette dernière, et donna connaissance à ses deux amies de la demande de sa dame et de la réponse qu'elle lui avait faite. Ensuite, l'être mystérieux, ayant manifesté à Bernadette le désir de voir beaucoup de monde à la Grotte, disparut très-rapidement, suivi de la vive lumière qui le précédait toujours.

Quand Bernadette fut rentrée chez elle, sa mère et les amies de la famille qui avaient vivement agi auprès de la femme Soubirous pour qu'elle permit à sa fille de retourner à la Grotte, entourèrent affectueusement l'enfant et lui demandèrent si la dame qui lui avait déjà apparu aux grottes de Massabielle s'était montrée de nouveau à elle. Sur sa réponse affirmative, elles la prièrent de leur faire connaître toutes les circonstances de cette apparition. Bernadette le fit, sans rien oublier.

Toutes ces femmes, émues jusqu'aux larmes par le récit de Bernadette, la comblèrent de vives caresses et lui recommandèrent d'être absolument fidèle à la promesse qu'elle avait solennellement faite à la dame mystérieuse.

La dame Millet et surtout Antoinette Peyret, qui venait d'être de la part de l'apparition l'objet d'une faveur spéciale, avaient quitté la Grotte, tout étonnées de la transformation du visage de Bernadette, durant ses rapports avec la dame, qu'elles auraient été si heureuses, dans leur ardente curiosité, d'apercevoir un instant. Elles étaient rentrées dans la ville en cheminant à côté de Bernadette, sans cesser de s'entretenir des choses qu'elles venaient de voir.

Ces faits, propagés rapidement dans la ville de Lourdes, par ces deux personnes et les amies de la famille Soubirous, firent le sujet de toutes les conversations.

Ce jour-là, 18 février, marché de Lourdes, le temps était splendide; sur toutes les places de la ville se trouvait une foule considérable, venue des environs et de plusieurs départements voisins pour des affaires de commerce.

A la faveur de ces circonstances particulières, la nouvelle des apparitions des grottes de Massabielle se répandit au loin, et, le 19 février, Bernadette, qui s'était rendue devant les grottes, pour être fidèle à sa promesse et pour jouir de la présence de la dame, se vit entourée, pendant sa station religieuse, d'une foule immense qui voulait la voir à genoux, en prières et en relation intime avec l'être mystérieux qui lui apparaissait.

Cet événement, qui remuait déjà très-vivement toutes les classes de la société, donna lieu tout d'abord à des controverses très-animées, entre gens qui appréciaient différemment les faits, suivant leurs principes et leurs habitudes. Il éveilla aussi les susceptibilités des divers magistrats de la localité, chargés, dans l'ordre judiciaire, dans l'ordre administratif et dans l'ordre policier, du maintien du repos public.

Le dimanche 21 février, des masses encore plus considérables que celles qui avaient déjà entouré Bernadette, attirées dès le point du jour aux grottes de Massabielle et dans ses alentours, par la pensée que cette jeune fille s'y rendrait de nouveau pour l'accomplissement d'un grand devoir religieux, l'attendaient patiemment, dans un recueillement pieux.

Elle ne se fit pas longtemps attendre.

Aussitôt qu'elle fut devant les grottes, elle s'agenouilla, ôta de sa poche son chapelet et se mit à prier en l'égrenant. Son visage subit bientôt une transformation, remarquée par toutes les personnes qui étaient près d'elle, et indiquant qu'elle était en rapport avec son apparition.

Pendant qu'elle déroulait de la main gauche son chapelet, elle tenait de la droite un cierge allumé, qui s'éteignait souvent, sous l'action d'un courant d'air très-fort qui régnait le long du Gave; mais elle le livrait chaque fois à la personne la plus rapprochée d'elle, pour qu'il fût aussitôt rallumé.

Moi, qui suivais avec une grande attention tous les mouvements de Bernadette, pour l'étudier complétement sous plus d'un rapport, je voulus savoir en ce moment quel pouvait être l'état de sa circulation sanguine et de sa respiration. Je pris l'un de ses bras et plaçai mes doigts sur l'artère radicale. Le pouls était tranquille, régulier, la respiration facile : rien dans la jeune fille n'indiquait une surexcitation nerveuse, ayant réagi sur tout l'organisme d'une manière particulière.

Bernadette, après que j'eus abandonné son bras, s'avança un peu vers le haut de la Grotte; bientôt je vis son visage, qui jusque-là avait offert l'expression de la béatitude la plus parfaite, s'attrister : deux larmes tombèrent de ses yeux et roulèrent sur ses joues.

Ces changements survenus dans sa physionomie pendant cette station me surprirent. Je lui demandai, quand elle eut terminé ses prières et que l'être mystérieux eut disparu, ce qui s'était passé en elle durant cette longue station ; elle me répondit : « La dame, en me quittant un instant de son regard, le dirigea au loin par dessus ma tête ; ensuite, le reportant sur moi, qui lui avais demandé ce qui l'attristait, elle me dit : « Priez » pour les pauvres pécheurs, pour le monde si » agité. » Je fus bien vite rassurée par l'expression de bonté et de sérénité que je pus revoir sur son visage, et aussitôt elle disparut. »

Cette station religieuse de Bernadette, qui avait eu pour témoins des milliers de personnes accourues autour d'elle, du pays et de plusieurs départements voisins, laissa dans tous les esprits une impression profonde. Chacun se retira, emportant dans sa contrée le souvenir impérissable de ce qu'il avait vu et le sentiment des grandes choses qui s'accompliraient dans le lieu de ces apparitions.

A compter de ce moment, Bernadette devint, pour tous ceux qui l'avaient vue en prières devant les grottes de Massabielle, un être privi-

légié, choisi pour devenir entre le ciel et la terre
un lien puissant pour transmettre aux hommes,
en messagère fidèle, les volontés d'un personnage surnaturel.

En quittant ces lieux, où l'émotion générale
avait été si grande, Bernadette se retira, comme
toujours, dans l'attitude la plus simple, la plus
modeste, sans faire attention à l'ovation publique
dont elle était l'objet, suivie jusque dans sa pauvre demeure par une foule immense, sur laquelle
elle exerçait, sans paraître s'en douter, un grand
empire.

Toute la journée de ce dimanche, les habitants
de la ville, les étrangers qui ne s'en étaient pas
éloignés encore se groupaient en tous lieux pour
s'entretenir de Bernadette, de ses rapports avec
l'être mystérieux qui lui apparaissait et de tout
ce qui semblait surnaturel dans cette affaire.

Cette émotion publique, qui paraissait fort
inquiéter les diverses autorités de la ville, et
surtout la police, représentée par un homme
adroit, actif, ambitieux, peu attaché aux choses
du ciel, poussa les divers fonctionnaires à exercer
leurs pouvoirs contre Bernadette, de façon à
obtenir d'elle, d'abord par des manières bienveillantes, ensuite par des menaces de toutes
sortes, des déclarations contraires à ce qu'elle
appelait la vérité.

Cette jeune fille, imperturbable dans ses affirmations, dérouta toute l'habileté déployée contre elle par les agents des diverses autorités dont j'ai parlé. Elle sortit toujours triomphante de cette lutte acharnée, malgré tous les efforts, les ruses du policier entreprenant, qui aurait été très-heureux de détruire ce qu'il appelait de ridicules superstitions.

Ne pouvant rien obtenir de Bernadette par les moyens qu'ils avaient employés jusque-là contre elle, ils devinrent suppliants. Ils lui demandèrent humblement de ne plus aller aux grottes de Massabielle, pour ne pas troubler le repos public, pour ne pas empêcher les pauvres ouvriers de pourvoir, par leur travail de chaque jour, aux besoins les plus urgents de la vie.

Bernadette, qu'une prière ainsi présentée avait bien émue un instant, leur dit qu'elle ferait de très-grands efforts pour n'y plus aller, elle qui avait promis à sa dame de s'y rendre durant quinze jours. Elle le leur promettait, à condition que la volonté puissante qui dominait la sienne n'exigerait pas d'elle l'accomplissement de la promesse qu'elle lui avait faite.

C'est ainsi que ce jour finit pour Bernadette et sa famille, qui avaient été fort effrayées par les allures sévères des fonctionnaires publics, et surtout par les menaces qu'ils avaient osé proférer.

IV

Tracasseries de la police. — Pieuses manifestations des habitants.

Bernadette n'avait pas encore fait sa première communion; pour recevoir l'instruction nécessaire aux enfants que l'on prépare à cet acte solennel, elle allait chez les Sœurs de Nevers, qui lui apprenaient en même temps à lire et à écrire.

Les Sœurs, attachées à l'enseignement primaire dans l'hospice de la ville, étaient averties par la rumeur publique des visites de Bernadette aux grottes de Massabielle et de ses rapports avec un être mystérieux qui, d'après ses déclarations, lui avait déjà apparu plusieurs fois. Elles connaissaient aussi la défense qui lui avait été faite par les autorités de la ville de continuer ses courses de ce côté.

Il est très-probable que les agents de la force publique avaient prié ces institutrices de les aider à dompter cette enfant rebelle, et de lui inspirer les sentiments d'obéissance qu'elle devait avoir.

Les Sœurs, entrant dans les vues des autorités, cherchèrent par toutes sortes de moyens, même par des paroles fort rudes, à arrêter Bernadette dans la réalisation de ses projets. Les petites filles de l'école, excitées par les Sœurs à lui faire honte de toutes ses allures et des actes qu'elle accomplissait souvent aux grottes de Massabielle, prirent l'habitude de la traiter avec mépris et dérision.

Bernadette, soutenue par une force intérieure puissante, supportait patiemment et résolûment toutes les attaques dirigées contre elle.

Obligée d'aller le matin à l'école, elle ne put, retenue là par la volonté de son père et par la surveillance active des Sœurs, accomplir un acte qui était pour elle à la fois une désobéissance et un devoir impérieux.

Elle passa toute la matinée dans une perplexité extrême. A l'heure où elle quitta l'école avec toutes ses jeunes compagnes, un désir pressant de revoir sa dame s'empara d'elle, et, au lieu de suivre le chemin de la maison paternelle, elle se laissa doucement mener, par une volonté qui dominait la sienne, vers le rocher de Massabielle.

La population, qui l'avait attendue toute la matinée, n'avait pas entièrement disparu du lieu de ses prières; beaucoup de personnes étaient encore devant la Grotte, quand Bernadette parut.

De plus, un très-grand nombre d'habitants de la ville, la voyant se diriger vers les rives de Massabielle, quittèrent aussitôt leurs occupations pour la suivre.

Ainsi, ce jour-là, 22 février, Bernadette se trouva encore, à genoux et en prières, au milieu d'une foule assez compacte.

Elle égrena longtemps son chapelet sans aucun résultat : la dame ne se montra pas.

Bernadette, très-affligée, se leva au milieu de l'étonnement général. Elle dut supporter les vives railleries de beaucoup de personnes, enchantées de son échec, heureuses de trouver l'occasion de mettre au jour sa fourberie et de la convaincre de mensonge.

Bernadette supporta tout patiemment, soutenue par un sentiment intime de certitude qui ne pouvait la tromper. Elle rentra ainsi au sein de sa famille, non sans avoir versé, chemin faisant, d'abondantes larmes : l'état de ses yeux et de son visage le disait assez.

Son père, affligé de la voir dans cet état, et ayant reçu d'elle l'aveu de ce qu'elle venait de faire contre sa défense, lui dit, après un moment de réflexion : « Eh bien ! ma fille, puisqu'une force irrésistible te pousse vers les grottes de Massabielle, tu pourras t'y rendre quand tu le voudras, je te donne sous ce rapport toute liberté. »

Le cœur de la pauvre enfant fut aussitôt allégé du poids énorme qui l'oppressait. Elle se dit avec une joie profonde : « Je reverrai demain ma dame ! »

Préoccupée depuis ce moment de sa prochaine visite à la Grotte, possédée du désir ardent de revoir l'être mystérieux qui absorbait toutes ses pensées, elle passa la nuit sans sommeil et se leva avant l'aurore. Aussitôt que la lumière du jour lui permit de diriger ses pas vers les rochers de Massabielle, elle partit enveloppée dans son capulet blanc.

Quand elle arriva devant le lieu des apparitions, elle le trouva occupé par une immense foule, qui l'attendait avec impatience.

Elle s'agenouilla pieusement, prit son chapelet d'une main, un cierge bénit de l'autre, et commença sa prière.

Aussitôt la dame se montra. Son visage offrait l'expression du contentement et d'une rare tendresse. Elle appela Bernadette par son nom et lui dit de se rapprocher d'elle, ce que Bernadette fit promptement.

Quand la dame la vit près d'elle, elle lui demanda si elle garderait fidèlement un secret qui la concernait et qu'elle allait lui confier. Sur sa réponse très-affirmative, elle le lui dit, puis elle ajouta : « Maintenant, ma fille, allez dire aux

prêtres que je veux qu'on m'élève ici une chapelle. » Et aussitôt elle disparut, laissant dans
l'esprit de Bernadette le souvenir impérissable
du rayonnement de joie, de bonheur, qu'en s'en
allant, elle avait projeté sur elle.

La pauvre fille se leva, heureuse d'avoir revu
sa dame, heureuse de toutes les caresses qu'elle
lui avait prodiguées, de l'affection qu'elle lui avait
témoignée en lui confiant un secret, heureuse
encore de se voir chargée de porter ses volontés
aux prêtres de la ville.

Elle accéléra sa marche, au milieu d'un concours immense de personnes qui ne cessèrent
de l'interroger durant le trajet de la Grotte à la
ville.

Du reste, à part le secret qui lui avait été confié, elle répondit avec abandon à toutes les questions qui lui furent adressées.

Le terrible commissaire de police, que cette
nouvelle visite à la Grotte avait rendu furieux,
voyant que son autorité était sans effet sur cette
enfant et sur son père, crut devoir recourir à un
pouvoir supérieur au sien pour réprimer leur
audace. Il attendit cependant, pour le faire,
qu'une occasion favorable se présentât, ce qui ne
pouvait manquer d'arriver.

Bernadette, pour obéir aux ordres de la dame,
se rendit promptement chez le curé de la pa-

roisse, qui en ce moment se trouvait dans sa maison.

Celui-ci la reçut froidement, brusquement même, lui demandant si elle était Bernadette, ce qu'elle voulait, ce qu'elle venait faire chez lui.

Bernadette, d'un naturel très-timide, ne se laissa pas déconcerter par les rudes façons du prêtre. Elle lui répondit : « Oui, monsieur le curé, je suis Bernadette, chargée par la dame qui m'apparaît aux grottes de Massabielle de dire aux prêtres qu'elle veut qu'on lui élève en ces lieux une chapelle. — Sais-tu le nom de cette dame? Te l'a-t-elle dit? — Non, monsieur le curé. — Bien des gens peuvent croire, quand ils te voient aux grottes de Massabielle, en prières, en extase, que tu vois la Sainte-Vierge. Crains, si tu mens, de ne la jamais voir, lui dit d'un ton sévère le digne pasteur. Dieu réprouve les imposteurs. — La dame, répliqua Bernadette avec l'assurance que donne le sentiment de la vérité, la dame, je la vois comme je vous vois; elle m'a parlé comme vous me parlez. » Et elle lui répéta sa commission relative à la chapelle que la dame demandait aux roches de Massabielle.

Le curé, étonné de tout ce qu'il venait d'entendre et voulant acquérir sur le fait qui produisait partout tant d'émotion une certitude capable de rassurer sa conscience de prêtre, dit à Bernadette : « Je ne sais pas qui est cette dame dont tu me parles ; avant de m'occuper de ce qu'elle désire, je veux savoir si elle y a droit. Demande-lui, la première fois que tu la verras, qu'elle te donne une preuve de sa puissance. Au lieu où elle t'apparaît, se trouve un bel églantier : dis-lui de faire épanouir à ses pieds les belles roses qui ornent au printemps les branches de l'arbuste. Si, sous tes yeux, si, sous les yeux de tous ceux qui assisteront à ta station, ce prodige se produit, alors promets-lui de ma part qu'une belle chapelle s'élèvera dans ce lieu. »

Cela dit, le prêtre congédia la jeune messagère.

Ainsi, la visite de Bernadette à la maison du prudent pasteur était loin de l'engager témérairement dans la voie que ce message semblait lui ouvrir. Les exigences qu'il avait imposées à la dame mystérieuse produisirent dans la population urbaine, composée de croyants et d'incrédules, une profonde émotion.

Chacun appréciait, suivant ses dispositions, les choses extraordinaires qui s'accomplissaient aux grottes de Massabielle, en plein jour, devant de nombreuses populations, accourues de plusieurs lieues à la ronde.

Le policier, heureux de trouver une belle occasion d'exécuter ses projets contre la famille Soubirous, s'attacha activement aux pas de Bernadette. — Les exigences de monsieur le curé de Lourdes, formulées très-nettement, devaient bien vite mettre en évidence la fourberie de la jeune fille et ruiner pour toujours un fait soi-disant religieux qui semblait appelé à prendre de grandes proportions, si l'on n'arrêtait à temps les manœuvres superstitieuses de Bernadette.

La connaissance des conditions imposées par le curé à la prétendue dame de Bernadette avait mis tout le monde sur pied dans la ville. Chacun voulait assister à la visite de Bernadette aux rochers de Massabielle et voir définitivement trancher la question des apparitions, dans un sens ou dans l'autre.

Le 24 février, Bernadette se rendit comme d'habitude aux grottes de Massabielle, et de très-bonne heure, aussi modeste que les jours précédents, sans se préoccuper de ce qui se passait autour d'elle, sans songer qu'elle fût alors l'objet de conversations, de controverses très-animées, d'une grande agitation publique.

Au moment où elle arriva devant les grottes, elle trouva la place occupée par une foule considérable, qui la reçut très-respectueusement et s'agenouilla en même temps qu'elle.

Bernadette avait l'habitude de commencer ses prières sur le bas du terrain en pente qui allait du bord du Gave au haut de la Grotte, et parcourait ordinairement à genoux tout cet espace, en égrenant de la main gauche son chapelet et en tenant dans la droite un cierge bénit allumé.

Ce jour-là, elle resta un certain temps à la même place, avant que la transformation de son visage indiquât aux assistants qu'elle était en rapport avec la dame mystérieuse.

Celle-ci l'accueillit très-gracieusement.

L'enfant lui dit : « Monsieur le curé, à qui j'ai porté votre demande, n'ajoute pas foi à mon message de votre part et veut avoir une preuve de votre puissance, avant de faire bâtir ici en votre honneur une chapelle. Il désire donc que vous fassiez fleurir l'églantier qui se trouve sous vos pieds. Alors, et alors seulement, convaincu de votre pouvoir, il vous donnera pleine satisfaction. »

L'apparition, pour toute réponse, se mit à sourire. Puis elle dit à Bernadette de prier pour les pécheurs et de monter jusqu'au haut de la Grotte. Là, elle fit entendre trois fois le mot *pénitence*, répété par la jeune fille de façon à être entendu des personnes qui étaient autour d'elle.

Puis, la dame lui révéla un second secret la concernant personnellement.

Ensuite elle disparut rapidement.

Bernadette se leva aussitôt et se dirigea comme toujours vers la ville, au milieu d'une foule nombreuse.

L'églantier n'avait pas fleuri.

L'enfant se rendit avec empressement chez le curé pour lui faire connaître le résultat de son message.

Le bon pasteur l'écouta avec attention et bienveillance et lui demanda si elle avait vu quelque chose de particulier dans l'intérieur de la Grotte. « A part la dame, rien », lui dit Bernadette. Et elle quitta tranquillement la maison curiale pour rentrer chez son père, où l'attendaient avec impatience sa famille et tous ses amis.

Cette station religieuse de Bernadette, qui avait tenu en éveil toute la ville de Lourdes, donna lieu à des luttes bien vives et à des attaques passionnées contre la pauvre voyante, qui, pour sortir victorieuse de la position qui lui avait été faite par les exigences de monsieur le curé, aurait dû obtenir de sa dame la floraison de l'églantier.

Le lendemain, Bernadette, à l'heure ordinaire de ses stations aux grottes de Massabielle, se rendit au même lieu, où une foule très-considérable l'attendait. Elle y arriva, comme toujours, calme, modeste, humble, très-simplement vêtue, sans s'occuper de la présence des personnes qui voulaient la voir en prières.

Aussitôt qu'elle se fut mise à genoux, non loin du Gave, qu'elle eut pris son chapelet et commencé sa prière, la dame lui apparut.

Les traits du visage de Bernadette, que j'avais vus se soulever doucement et s'épanouir ensuite, me prouvaient qu'elle était en présence de son apparition.

Après avoir gardé pendant quelques instants la position qu'elle avait prise, elle monta vers le haut de la Grotte, à genoux et en égrenant son chapelet. Arrivée là, elle se leva promptement et se dirigea vers les bords du torrent.

Les personnes qui l'entouraient formaient une masse si compacte, qu'on aurait eu bien de la peine à placer entre elles un objet quelconque.

Cette masse humaine, attachée à Bernadette comme l'ombre l'est au corps, épiait ses moindres mouvements et semblait douée d'une intuition surnaturelle, qui lui permettait, en quelque sorte, de comprendre dans ce moment l'importance et la nature des actes que l'enfant accomplissait, sous la direction de sa dame.

Aussi, quand elle manifesta l'intention de se rapprocher du Gave, toutes les personnes qui l'entouraient lui ouvrirent un passage pour atteindre au bord du torrent.

Ce passage fut maintenu, pour lui permettre de reprendre la place qu'elle venait d'abandonner, si elle voulait y revenir.

Bernadette, arrivée sur le bord de l'eau, s'en éloigna bien vite et se dirigea vers le haut de la Grotte. Le passage établi se refermait derrière elle au fur et à mesure de son ascension. Quand elle fut parvenue au point culminant du sol de la Grotte, elle marcha vers l'est. Comme la voûte de la Grotte allait en s'inclinant vers la terre, Bernadette, pour atteindre un certain point du sol, fut obligée de ployer fortement son corps. Placée là à genoux, elle gratta avec ses mains la terre et y pratiqua, sous les yeux de toutes les personnes qui l'entouraient, un trou. Cela fait, elle porta plusieurs fois les mains à sa bouche et sur tout son visage ; ensuite, elle reprit, sur le haut de la Grotte, la position qu'elle y avait d'abord occupée et continua ses prières à genoux, en égrenant son chapelet.

Bientôt les traits de son visage revinrent à leur état ordinaire. Elle se leva et reprit tranquillement le chemin de la ville.

Moi, qui me trouvais pendant cette station si remarquable près de Bernadette, j'avais pu l'étudier à loisir sous tous les aspects.

Elle accomplit les divers actes que j'ai déjà indiqués, pour faire surgir de terre la magnifique fontaine qui existe aujourd'hui aux grottes de Massabielle, en se trouvant dans cet état d'extase qui se produisait chez elle chaque fois qu'elle se trouvait en présence de son apparition.

Voici comment cet état survenait. Le visage s'élevait tout doucement ; les traits s'épanouissaient ensuite et prenaient l'expression d'une béatitude extraordinaire. Bernadette alors devenait légèrement pâle, continuait activement ses prières et restait dans la position qu'elle avait prise, pendant un temps plus ou moins long, conservant l'usage de ses sens et des mouvements soumis à l'action de sa volonté. Elle quittait toujours le lieu de ses prières, sans fatigue, sans éprouver le moindre dérangement, agile, ne perdant jamais le souvenir de ce qu'elle avait fait durant les stations religieuses.

La transformation du visage disparaissait, comme naturellement, avec l'expression d'indicible bonheur qui s'y était fixée.

J'ai eu plusieurs fois l'occasion, dans l'espace d'un mois environ, de bien constater ces phénomènes curieux et de pouvoir en déterminer les caractères.

Après chacune de ses stations religieuses, alors surtout qu'elles avaient paru importantes à ceux qui y assistaient, Bernadette était toujours questionnée avec soin sur ce qu'elle avait vu et fait.

Ce jour-là, on lui demanda d'entrer dans tous les détails de sa vie devant la Grotte.

Elle répondit aux personnes qui la questionnaient que la dame lui avait confié un dernier secret la concernant elle seule, et qu'elle ne devait pas plus révéler que les deux premiers.

Elle lui avait ordonné ensuite de boire à la fontaine, d'y laver son visage et de manger de l'herbe qui croissait à côté. Elle, ne voyant pas d'eau dans l'intérieur de la Grotte, allait tout naturellement, pour obéir à sa dame, boire au Gave, lorsque, rappelée vers le haut de la Grotte, elle chercha la fontaine dans le lieu qui lui était indiqué.

Aucune des personnes qui s'étaient rendues aux roches de Massabielle, pour assister aux prières de Bernadette, ne s'éloigna ce jour-là sans avoir soigneusement exploré tous les points qu'elle avait occupés, en accomplissant les divers actes exigés d'elle, et dont chacun voulait se rendre un compte exact.

On examina surtout, avec autant d'attention que d'empressement, le lieu où elle avait gratté la terre avec ses mains et creusé un petit trou. On constata qu'un très-faible suintement d'eau s'était produit sous l'action de ses doigts, et, en se mêlant avec la terre, avait établi là une espèce de bourbier. Tous ceux qui purent se procurer alors un vase quelconque emportèrent un peu de cette terre détrempée par une très-petite quantité d'eau.

Moi-même, témoin des mieux placés pour voir ce fait important, je ne voulus pas quitter la grotte de Massabielle sans avoir exploré avec soin les diverses parties du sol.

Je le trouvai partout très-sec, excepté dans l'endroit où Bernadette avait creusé de ses mains un petit trou, d'où jaillit aussitôt la source qui, grossissant d'heure en heure, est devenue cette magnifique fontaine appelée aujourd'hui, par toute la catholicité, la Fontaine des miracles.

La propagation de ces faits nouveaux jeta parmi la population de la ville un nouvel élément de discorde.

Le policier, dont la colère augmentait en raison directe de la popularité de Bernadette et de la foi croissante des masses, si vivement remuées par les prières de la jeune voyante, prit la ferme résolution d'arrêter le flot toujours montant des superstitions. Il eut recours à des actes sévères, mais qui ne purent un seul instant intimider Bernadette, ni l'empêcher d'être fidèle à ses promesses.

Ce 25 février, jour du grand marché de Tarbes, un grand nombre de personnes, qui avaient vu la nouvelle fontaine, répandirent parmi les habitants de plusieurs départements, amenés par leurs affaires au chef-lieu des Hautes-Pyrénées, la nouvelle de cette importante découverte.

A compter de ce moment, les pèlerins accouraient à Lourdes par milliers.

Tous s'empressaient, aussitôt arrivés dans la cité de la voyante, de se rendre à la Grotte, pour voir la fontaine, boire de son eau et s'y laver.

Le 26 février, vendredi, fut pour tous les croyants un jour mille fois béni, pour tous les incrédules un jour de mensonge ; ces derniers ne pouvaient voir, dans des annonces aussi bruyantes, que le besoin de donner aux apparitions de la dame de Bernadette un caractère de vérité qu'elles ne comportaient pas. Ils disaient que cette fontaine, objet de tant de beaux discours, existait là de tout temps, cachée sans doute par certains obstacles que Bernadette avait su enlever, ouvrant ainsi une libre issue à l'eau qui jusque-là suivait à une faible distance de la superficie du sol son chemin vers le Gave.

Dans la ville entière, il n'était question que de la fille du meunier Soubirous, qui pour les uns avait une mission à part dans ce monde, et pour d'autres n'était qu'une fille malade, à demi folle, digne des petites-maisons.

Ces appréciations contradictoires et les discussions qui en provenaient précipitaient la marche de cette affaire, déjà si vivement lancée.

Bernadette, le vendredi 26 février, quitta sa maison au moment où le jour paraissait, et se dirigea vers les grottes de Massabielle, au milieu d'une foule très-nombreuse qui l'avait attendue pour l'accompagner jusqu'au lieu de ses prières, et qui ne savait assez admirer sa modestie, sa simplicité, son humilité inaltérable au milieu même des ovations publiques, sans cesse renouvelées.

Bernadette arriva devant les grottes, autour desquelles s'étaient groupées déjà autant de personnes de tout âge, de toute condition, qu'avaient pu en recevoir les deux rives du Gave et les rochers de Massabielle. On ne voyait que têtes humaines tournées vers le sanctuaire de Bernadette, comme vers une arche sainte, une arche de salut.

L'enfant se mit à genoux et pria longtemps en égrenant son chapelet. La dame ne parut pas.

Bernadette se leva triste, affligée de n'avoir pu, ce jour-là, jouir de la vue de sa céleste visiteuse.

Elle resta cependant fort rassurée sur le retour de la dame, qui avait été jusque-là si bienveillante, si bonne pour elle.

En effet, revenue à la Grotte, elle la vit de nouveau, aussi gracieuse, aussi amicale que lorsqu'elle lui confiait des secrets à garder.

Un jour que Bernadette paraissait plus absorbée que d'habitude par la vue de son apparition, je fus témoin, ainsi que toutes les personnes qui l'entouraient, du fait que je vais raconter.

Elle était à genoux, récitant avec une grande ferveur les prières du chapelet qu'elle avait à la main gauche, pendant qu'elle tenait de la droite un gros cierge bénit allumé.

Au moment où elle commençait à faire à genoux son ascension ordinaire, il survint tout à coup un temps d'arrêt dans ce mouvement, et sa main droite, se rapprochant alors de la gauche, plaça la flamme du gros cierge sous les doigts de cette main, assez écartés les uns des autres pour que cette flamme pût passer facilement entre eux. Activée dans ce moment par un courant d'air assez fort, elle ne me parut produire sur la peau qu'elle atteignait aucune altération.

Etonné de ce fait étrange, j'empêchai que personne ne le fît cesser, et, prenant ma montre, je pus, durant un quart d'heure, l'observer parfaitement.

Bernadette, après cet intervalle de temps, s'avança toujours en extase vers le haut de la Grotte, en déplaçant ses mains et les éloignant l'une de l'autre. Elle fit ainsi cesser l'action de la flamme sur la main gauche.

Sa prière terminée et la transformation de son visage ayant disparu, Bernadette se leva et se disposa à s'éloigner de la Grotte. Je la retins un moment et je lui demandai de me montrer sa main gauche, que j'examinai avec le plus grand soin. Je ne trouvai nulle part la moindre trace de brûlure.

M'adressant alors à la personne qui s'était emparée du cierge, je la priai de le rallumer et de

me le remettre. Aussitôt je plaçai plusieurs fois
de suite la flamme du cierge sous la main gauche
de Bernadette, qui l'en éloigna bien vite en me
disant : « Vous me brûlez. »

Ce fait, je le rapporte ainsi que je l'ai vu, et
que bien des personnes, placées comme moi près
de Bernadette, l'ont parfaitement constaté; je le
rapporte tel qu'il s'est produit, sans l'expliquer.

V

« Je suis l'Immaculée-Conception ! »

Depuis le 26 février, Bernadette se rendait tous les jours aux grottes de Massabielle, où elle voyait son apparition, qui lui disait constamment de boire à la fontaine, de s'y laver et de manger de l'herbe qui croissait sur les bords. Bernadette obéissait humblement.

Elle arriva ainsi, sans qu'il y eût rien de particulièrement remarquable dans ses stations, jusqu'au 4 mars, dernier jour de la quinzaine, qui fut signalé par un déploiement considérable de la force publique en armes et par un immense concours de pèlerins. Leur nombre fut évalué à quinze mille.

Ce jour-là, Bernadette, accompagnée de sa mère, se rendit modestement, humblement vêtue comme toujours, devant la Grotte, où elle était attendue avec une impatience extraordinaire.

Elle se mit à genoux à la place habituelle de ses prières, égrenant de la main gauche son chapelet et tenant de la main droite un cierge bénit allumé. Bientôt, à la transformation de son visage, chacun comprit qu'elle était en présence de sa dame. Elle parcourut à genoux, depuis le bord du Gave jusqu'à la fontaine, la pente abrupte du sol de la Grotte. Arrivée là, elle but plusieurs fois de l'eau qu'elle avait puisée avec la main et se lava le visage; elle prit aussi quelques brins d'herbe qu'elle mangea. S'étant ensuite éloignée de la fontaine et rapprochée de l'ouverture où elle voyait son apparition, elle resta en sa présence un certain temps, paraissant avoir avec elle une conversation que les personnes les plus voisines cherchaient vainement à entendre.

Les traits du visage de Bernadette, s'étant légèrement affaissés, indiquèrent à tous les assistants que la dame l'avait quittée.

Bernadette se leva, après avoir éteint son cierge. Elle se dirigea, à travers la multitude qui l'entourait et les agents de la force publique, vers le haut des rochers de Massabielle, dans un état de placidité, de simplicité parfaite, sans paraître faire attention à l'émotion générale produite par sa vue et à l'empressement de cette grande foule qui se faisait un devoir de l'accompagner jusqu'à sa pauvre demeure.

Bernadette n'avait pas oublié que le pasteur de la paroisse lui avait recommandé de savoir de

la dame qui elle était. Elle lui adressa humblement la question. La dame n'y répondit que par
un sourire gracieux; elle lui recommanda ensuite
de dire aux prêtres qu'elle voulait une chapelle
et des processions; puis elle disparut promptement, suivie de la vive lumière qui la précédait
toujours lorsqu'elle apparaissait à Bernadette.

Ce jour-là, 4 mars, était le dernier de la quinzaine pendant laquelle Bernadette s'était rendue
exactement chaque matin devant la Grotte de
Massabielle. Mais tout indiquait que, n'ayant pas
répondu à la demande de Bernadette, la vision
se montrerait une fois encore, au moins, pour
compléter l'œuvre qu'elle avait commencée.

Bernadette continua donc à venir, chaque jour,
visiter la Grotte pour joindre ses prières à celles
des personnes qui s'y rendaient pieusement.

Ses visites n'avaient plus pour elle, depuis ce
moment, aucun autre but. Mais, le 25 mars, la
voix qui lui parlait, qu'elle entendait naguère,
réveilla au fond de son âme tous les sentiments
qu'elle éprouvait, lors des premières visites aux
roches de Massabielle qui lui avaient été com-
mandées par la dame mystérieuse.

Poussée par cette voix puissante, elle courut
dans la matinée, de très-bonne heure, vers la
Grotte.

Les personnes qui sortaient en ce moment de

leurs maisons, pour leurs affaires, voyant Bernadette s'acheminer vers le lieu de ses prières, quittèrent en grand nombre leurs occupations et se mirent à sa suite. Je fus de ce nombre.

Bernadette était à genoux, quand j'arrivai près d'elle. Le temps était un peu froid. Ayant hâté ma marche, je me trouvais en très-forte transpiration. Fendant la foule agenouillée, ainsi que c'était mon habitude, pour arriver jusqu'à la jeune fille, je gardai la coiffure que je portais. Aussitôt que je fus près d'elle, des cris violents se firent entendre de toutes parts, m'ordonnant de me découvrir. Alors, abandonnant pour un instant la position que j'avais prise à côté de Bernadette et me tournant vers cette foule impérieuse, je lui dis : « Je ne viens pas ici pour froisser le sentiment religieux qui vous conduit tous devant ce sanctuaire. Ce sentiment, je le respecte profondément. Si je ne me découvre pas dans ce moment, c'est pour ne pas m'exposer, ruisselant de sueur, à tomber malade et n'être pas forcé par là même d'interrompre une étude qui me paraît avoir une très-haute importance, car un fait religieux extraordinaire paraît s'accomplir en ce lieu. Seul ici en état de poursuivre une pareille étude, je serai forcé de l'abandonner, si vous ne m'autorisez à garantir ma tête de l'action des courants d'air, si forts le long du Gave. »

Mes observations furent accueillies favorablement par la multitude agenouillée autour de Bernadette. Je pus garder la position que j'occupais près de la jeune fille. Je la trouvai dans l'état extatique qui lui était ordinaire lorsqu'elle était en présence de sa dame.

Cet état eut une assez longue durée. Les regards de Bernadette et les mouvements de ses lèvres indiquaient qu'entre la dame et elle existait un colloque assez animé.

Quand les traits de son visage eurent perdu cette surexcitation que leur donnait l'extase et que leur épanouissement eut cessé, Bernadette se leva et se disposa, au milieu de toutes les personnes qui l'avaient suivie, à abandonner la Grotte.

Mais une vive curiosité s'était éveillée chez tout le monde; des questions nombreuses lui furent adressées, pour savoir ce qui s'était passé entre la dame et elle.

Bernadette répondit qu'elle avait vivement sollicité la dame de lui faire enfin savoir qui elle était, et qu'aux trois premières demandes qu'elle lui avait adressées, elle n'avait répondu que par de gracieux sourires; qu'ensuite, à la quatrième, après avoir disjoint ses mains et fait glisser son chapelet sur le bras droit, elle avait ouvert ses deux bras, les avait inclinés d'abord vers la terre, puis relevés et rejoints avec un grand air de ferveur ; qu'enfin, la regardant avec une grande tendresse, elle lui avait dit : « Je suis l'Immaculée-Conception! » Après quoi, elle avait disparu rapidement.

Telle est l'histoire des stations de Bernadette Soubirous devant les grottes de Massabielle et des apparitions qui y ont eu lieu jusqu'à présent, une dernière apparition se trouvant rapportée dans le chapitre qui suit. Cette histoire, racontée simplement, dégagée de tout commentaire, de toute considération religieuse ou philosophique, permet à tout lecteur impartial et cherchant de bonne foi la vérité sur les faits importants qui se sont produits au grand jour, de les analyser et d'en tirer lui-même toutes les conséquences qu'ils peuvent impliquer.

VI

Dernière apparition. — Nouvelles persécutions de la part de l'autorité.

Bernadette, depuis sa dernière station aux grottes de Massabielle, le 25 mars, avait constamment suivi, vers ce lieu de prières publiques, le courant religieux déjà imprimé à toutes les âmes pieuses.

Tant qu'elle avait pu se rendre librement aux grottes de Massabielle, avec ses parents et tous les amis de sa famille, elle l'avait fait avec empressement.

Quand les obstacles placés autour de la Grotte et les défenses faites par l'autorité municipale en eurent interdit l'accès, alors, comme toutes les personnes qui ne voulaient pas se priver du bonheur de s'agenouiller et de prier en face des grottes, elle se rendait dans les prairies de la rive droite du Gave et se livrait là, tranquillement, à l'abri des poursuites du commissaire de police et de ses agents, à ses habitudes de piété.

Or, le 16 juillet, elle entendit encore la voix

mystérieuse qui l'avait poussée tant de fois vers la Grotte.

Ce jour-là, elle s'agenouilla sur la rive droite du Gave, en face de la Grotte, avec le pressentiment de l'apparition.

En effet, après avoir égrené un instant son chapelet, elle la vit, comme toujours, rayonnante de lumière et animée d'une vive expression de tendresse. La dame sourit très-affectueusement à Bernadette, inclina la tête de son côté, puis, la relevant avec lenteur, ne quitta pas un instant du regard la pauvre fille, dont elle parut se séparer avec regret.

Cette apparition fut la dix-huitième et la dernière.

Depuis le 25 mars, jour où l'apparition s'était fait connaître à Bernadette sous le nom d'*Immaculée-Conception*, les événements avaient pris, de la part des autorités administrative, judiciaire et surtout policière, un caractère de violence très-prononcé. Le préfet avait donné ordre d'arrêter Bernadette, comme atteinte d'aliénation mentale, d'empêcher les croyants de se rendre aux grottes de Massabielle, d'enlever tous les objets et les offrandes que la foi publique y avait déposés; enfin, d'établir de solides barrières autour de ces lieux de prières, pour que personne ne pût y accéder.

Après avoir essayé de démontrer par bien des discours que toutes les manœuvres superstitieuses pratiquées autour des grottes de Massabielle portaient atteinte à la majesté de la religion, il fit rendre, par le maire de la ville, le 8 juin, un arrêté interdisant absolument à qui que ce fût de pénétrer sur les rives de Massabielle et de se rendre devant ses grottes.

Un poteau fut placé au haut de ces rives, portant cette inscription : « IL EST DÉFENDU D'ENTRER DANS CETTE PROPRIÉTÉ. »

Sur le devant des grottes fut construite une vraie barricade, très-difficile à détruire.

Toutes ces mesures avaient été précédées : 1° de l'enlèvement de tous les objets que la piété publique avait déposés sur le sol de la Grotte, tels que bouquets de fleurs naturelles ou artificielles, cierges, pièces de monnaie de toute nature et en très-grande quantité; 2° de la destruction d'une balustrade que des ouvriers, témoins des nombreuses guérisons opérées par l'eau de la fontaine de la Grotte, avaient construite pour empêcher qu'on ne profanât ce lieu vénéré.

Toutes ces mesures de rigueur, ordonnées par le préfet et exécutées par le commissaire de police avec une ardeur incroyable, n'avaient fait qu'affermir la croyance religieuse des populations, qui ne pouvaient perdre de vue Bernadette, ni s'éloigner du lieu que sa dame avait choisi pour opérer tant de merveilles.

Le préfet, qui aurait voulu d'un coup faire disparaître la cause de ces événements, en plaçant Bernadette dans un asile d'aliénés, ne put réaliser son projet, en présence d'une résistance formidable qui se produisit pour protéger la pauvre enfant contre des violences inouïes et injustifiables. Bernadette n'offrait aucun indice de dérangement mental; elle ne pouvait être privée de sa liberté par une autorité qui jusqu'alors n'avait d'autre pièce de conviction que le rapport de trois médecins complaisants n'émettant qu'une faible hypothèse relative à des hallucinations.

Le préfet, épouvanté des conséquences qu'aurait entraînées cette résolution extrême, dut y renoncer, à son très-grand regret, pour se rattacher à la défense faite à tout croyant, de par la loi, de pénétrer sur le terrain de Massabielle pour s'y livrer à la prière. Ordre fut donné au commissaire de police et à tous les agents de la force publique de dresser des procès-verbaux contre tout violateur de cette défense.

Le juge de paix, chargé de la répression des délits, condamnait impitoyablement à une amende de cinq francs tous les individus contre lesquels des procès-verbaux avaient été dressés, et il les condamnait *solidairement*, c'est-à-dire que la personne ainsi jugée pouvait être exposée à payer pour toutes celles qui le même jour avaient été prises en flagrant délit.

Pendant que ces choses se passaient, le procureur impérial d'alors cherchait de son côté des coupables; ne pouvant les trouver dans cette classe d'individus insoumis, il les prit ailleurs.

Un jour, un habitant de la ville, d'une humeur un peu joviale, pour exciter le bavardage d'une sœur qu'il avait dans sa maison, lui dit : « L'empereur fait demander à Bernadette des prières pour lui et toute sa famille. Il la presse instamment de les dire tous les jours et avec grande ferveur. »

Cette personne, crédule et bavarde, répandit aussitôt la nouvelle dans tout son voisinage, où il ne manquait pas de femmes aussi bavardes et aussi crédules qu'elle.

Ce conte bleu fit bien vite son chemin. Trois femmes de basse condition s'y cramponnèrent particulièrement et en firent le sujet de conversations persévérantes.

Le commissaire de police, toujours aux aguets, les désigna au procureur impérial, qui fut dans ce moment très-heureux d'avoir bonne besogne à faire. Il s'empressa de les traduire devant le tribunal correctionnel, pour propagation de fausses nouvelles.

Ces pauvres femmes furent bien surprises de la rigueur du magistrat ; elles étaient loin de penser, dans leur simplicité d'esprit, qu'elles pouvaient bien avoir commis un crime de *lèse-majesté*. Deux d'entre elles furent relaxées ; la troisième fut condamnée à cinq francs d'amende et aux frais.

Le sévère magistrat, mécontent de ce jugement, en appela devant une juridiction supérieure, espérant qu'une nouvelle décision serait plus conforme à ses désirs.

La Cour impériale de Pau, appelée à vider ce pourvoi, dut prendre en pitié de semblables misères. Après la brillante plaidoirie d'un avocat de talent, mort fort jeune et très-regretté, la Cour mit à néant une affaire qui n'aurait pas dû voir le jour.

Cette leçon fut profitable à ceux qui la recevaient : elle modéra un peu l'ardeur inconsidérée des premières impressions.

Pendant que ces faits s'accomplissaient, les touristes, les baigneurs accouraient de toutes les parties du monde vers les thermes pyrénéens. Beaucoup d'entre eux s'arrêtaient à Lourdes ou y venaient, avant de quitter les stations balnéaires, dans le but de voir Bernadette et pour se rendre compte, sur les lieux, de tout ce qui avait trait aux apparitions. Chacun voulait visiter les roches de Massabielle, les grottes, la fontaine déjà si renommée.

Les poteaux placés là par l'autorité civile, les barricades construites devant les grottes, et qui cachaient la fontaine, ne pouvaient arrêter les curieux ou les croyants. Malgré les mesures prises par l'absolu policier, les fervents pèlerins arrivaient jusqu'aux lieux où Bernadette s'était tant de fois pieusement agenouillée ; ils offraient là, à la dame de son amour, l'hommage de leur profonde piété.

L'ardent commissaire, qui apportait dans l'exercice de ses fonctions, d'après lui très-redoutables, une hauteur, une dureté extrêmes, se trouva un jour en présence de dix à douze personnes qu'il n'avait jamais vues. Elles étaient sur le haut des rives de Massabielle, prêtes à descendre vers la Grotte, lorsque le commissaire les arrêta, en leur faisant observer qu'il était interdit à tout le monde de franchir la limite des poteaux dont l'inscription relatait cette défense.

Les étrangers ne se laissent pas intimider par les observations du policier, qui leur demande aussitôt leurs noms.

L'un d'eux lui dit alors : « Veuillez avoir la

bonté de nous prêter pour un instant votre carnet, nous allons nous-mêmes y inscrire nos noms; l'orthographe en est difficile. »

Chacun à son tour prit le crayon et écrivit son nom en caractères bien lisibles.

Quand cette besogne fut terminée, le carnet fut très-gracieusement rendu à M. le commissaire. Après cela, les étrangers descendirent tranquillement les rives de Massabielle, sous les yeux surpris du policier.

M. Louis Veuillot et le bon père Hermann, qui étaient venus chez moi pour que je les accompagnasse aux roches de Massabielle, suivaient de près le groupe nombreux que le commissaire n'avait pu arrêter ni intimider un seul instant.

Occupé de la lecture des noms inscrits sur son carnet, le hardi fonctionnaire ne parut faire aucune attention à notre arrivée; nous passâmes très-près de lui, sans qu'il abandonnât du regard le feuillet qui semblait faire sur lui un effet terrible, et dont la lecture dut passablement l'effrayer.

Pendant qu'il était là, pour ainsi dire sans mouvement, le groupe en question arrivait devant la barricade placée en face de la fontaine. L'un des personnages de ce groupe l'escalada hardiment, pour donner de l'eau de la fontaine à ses compagnons de voyage.

Chacun put en ce moment, libre de toute contrainte et débarrassé de la présence du policier, se livrer tranquillement à la prière.

Le commissaire avait fini par refermer son calepin et s'était sauvé sans mot dire. Ce hardi champion du guet avait lu sur la page qui l'avait tant impressionné les noms des plus haut fonctionnaires de la cour impériale.

Il comprit bien vite qu'une lutte nouvelle et effrayante surgissait à l'improviste contre l'autorité départementale, si opposée aux faits de la Grotte. Il prit résolûment son parti : s'éloignant de la Grotte, il se rendit aussitôt chez le préfet pour l'instruire de ce qui venait de lui arriver.

Le premier magistrat du département vit, aussi bien que son intelligent policier, combien la situation devenait difficile. Malgré cela, il fallait faire encore bonne contenance et se servir de tous les moyens légaux pour en imposer à l'opinion publique et préserver l'autorité du discrédit que des oppositions non réprimées ne manqueraient pas de produire.

Le commissaire de police, bien plus clairvoyant que le préfet, qu'il avait impliqué dans cette affaire, se retira découragé, ne doutant pas que, sous peu de jours, des ordres émanant d'une autorité suprême réduiraient à néant les mesures prises pour enrayer la marche des idées superstitieuses qui s'étaient emparées de tant d'esprits.

Il devint dès lors très-réservé, ralentit l'ardeur de ses subordonnés et laissa en quelque sorte pleine liberté aux habitants de la ville et aux étrangers qui voulaient se rendre aux grottes de Massabielle, en faisant respecter cependant les clôtures établies devant le sanctuaire et la fontaine.

A cette époque, l'Évêque de Tarbes, pressé de divers côtés de faire cesser les souffrances infligées aux populations chrétiennes par les autorités civiles, voyant d'ailleurs l'énergie de la foi publique et les guérisons extraordinaires et fort nombreuses dues à l'eau de la Grotte, se décida enfin à sortir de la réserve qu'il s'était imposée jusque-là et qu'il avait imposée également à son clergé.

Pendant qu'il prenait cette importante détermination, le préfet du département, qui avait tenu le ministre des Cultes au courant de ce qui s'était passé, et qui ne désespérait pas encore d'arrêter l'essor de la croyance populaire, avait adroitement obtenu de ce haut personnage qu'il s'adresserait sans retard à l'auguste prélat, pour mettre un terme à la propagation de déplorables superstitions portant une atteinte grave aux vrais intérêts de la religion.

La demande ministérielle arriva au moment où l'Évêque venait de publier une ordonnance (28 juillet 1858) établissant une commission ecclésiastique chargée de constater l'authenticité et la nature des faits qui s'étaient produits, pendant environ six mois, à l'occasion d'une apparition vraie ou prétendue de la Sainte-Vierge dans une Grotte sise à Lourdes, à l'orient de la ville.

L'intervention du ministre des Cultes ne put, sous aucun rapport, modifier la résolution de l'Évêque, qui devait laisser librement fonctionner la commission nommée par lui, et qui dès lors avait seule le droit et la mission de constater, d'étudier et d'apprécier les choses extraordinaires survenues aux grottes de Massabielle, pour en faire, après examen, un rapport capable d'éclairer la religion de l'Évêque et, par suite, la conscience publique.

En ce moment de rudes épreuves pour les populations chrétiennes que la foi poussait sans cesse vers le lieu de prières de Bernadette, parut un ordre impérial prescrivant au préfet de laisser libre l'accès des grottes de Massabielle et de ne pas gêner les populations dans la manifestation de leur foi religieuse.

Cet ordre, tombant sur la tête du fonctionnaire opposant, peu de temps après la visite des notabilités de la cour impériale, causa au préfet un indicible embarras. Il était vaincu par une volonté suprême dont il ne pouvait éluder les ordres sans s'exposer à être bien vite destitué.

Dans cette fâcheuse position, il eut besoin d'avoir près de lui le fin policier pour se tirer d'affaire.

Ce dernier mit le plus grand empressement à se rendre auprès du préfet. Ils décidèrent ensemble que cet ordre ne devait être connu que d'eux, qu'il ne recevrait aucune exécution. Ne devaient-ils pas croire que cet acte avait été arraché à la volonté impériale par des sollicitations importunes?

Les deux mandataires de la loi laissèrent donc tranquillement dormir, dans les cartons de la préfecture, cet ordre trop fait pour troubler leur repos.

Mais ils n'étaient pas seuls à le connaître : ils avaient derrière eux des sentinelles actives, disposées à veiller à l'exécution prompte de ce petit ordre qui devait les déconsidérer entièrement.

Aussi furent-ils bien vite arrachés à leur inaction calculée par un ordre, cette fois si impératif, qu'ils se virent acculés contre une difficulté insurmontable.

Le préfet, abattu, découragé, eut de nouveau recours à l'activité infatigable et aux ressources du souple génie de son policier.

Celui-ci se chargea de faire adroitement savoir aux habitants de Lourdes que, désormais, il leur serait loisible d'aller aux grottes de Massabielle, quand ils le voudraient, pour se livrer sans contrainte à la prière et aux libres impulsions de leur piété.

Pendant que les deux représentants de l'autorité arrêtaient dans leur sagesse ces résolutions définitives, le bon pasteur de la cité faisait savoir du haut de la chaire à ses ouailles que, dorénavant, elles pourraient aller librement aux grottes s'agenouiller devant leur sanctuaire et joindre leurs prières à celles de Bernadette.

Ainsi, le commissaire de police se croyait encore, seul, à Lourdes, en possession de l'ordre impérieux transmis à son ami le préfet, quand il vit, aux allures de la population entière, que son secret était tombé dans le domaine de la publicité. Malgré cela, il voulut encore en imposer à cette population qu'il avait tant maltraitée, en se rendant au sanctuaire de Lourdes, avec le costume officiel, habit galonné, chapeau à claque et épée au côté.

Les habitants, qui avaient l'air de tout ignorer, le suivirent bénévolement jusqu'aux lieux des prières de Bernadette.

Là, le rusé policier, se plaçant au haut de la Grotte, débarrassée par ses soins de la forte bar-

ricade qui en défendait l'entrée, prit, après s'être
un instant recueilli en présence d'une foule
immense, les allures d'un pieux orateur.

S'adressant à cette foule composée d'âmes
pieuses et résolues, il lui dit : « Tous les obstacles
placés devant le sanctuaire de Marie sont tombés,
pour vous permettre de venir vous agenouiller
humblement devant ce lieu consacré à la prière
et au culte de la Vierge. Venez-y souvent : j'y
viendrai avec vous, car je suis comme vous
chrétien convaincu. Vous pourrez me demander
pourquoi, ayant les sentiments d'un bon catholique, je vous ai fait quelque mal, en dressant
des procès-verbaux contre ceux d'entre vous qui
ne se laissaient arrêter, ni par le poteau placé au
haut de ces rives, ni par les planches qui formaient ici une barrière. Si j'ai agi de la sorte,
c'est pour vous mettre à l'abri de beaucoup de
condamnations et empêcher le désordre qu'un
grand nombre de personnes opposées à vos
croyances religieuses auraient introduit ici. Je
suis avec vous de cœur : les sentiments religieux
que vous avez, et que vous n'avez cessé de manifester, sont les miens : je vous protégerai désormais contre les tendances qui seraient opposées
aux vôtres, contre tous les actes qui porteraient
atteinte à la foi qui vous anime, et qui fera
l'honneur de votre cité. »

Ce langage hypocrite, et que l'on écouta un instant en silence, finit par révolter la conscience des assistants, qui interrompirent bruyamment l'osé commissaire, le poursuivirent jusqu'à son domicile, en lui témoignant de la façon la plus claire des sentiments où l'estime n'entrait pour rien.

Les grottes furent, depuis ce moment, un lieu de pèlerinage pour la population de plusieurs départements et le théâtre de guérisons extraordinaires opérées subitement sous les yeux de témoins innombrables.

Bernadette, qui était chez les Sœurs de Nevers, à l'hospice de Lourdes, pour apprendre à lire et à écrire, fit sa première communion le 3 juin 1858. Elle demeura là tranquillement, visitée sans cesse, durant les mois de juillet, août et septembre, par de grands personnages, par les membres de familles importantes de France, qui ne voulaient pas quitter nos thermes sans avoir vu cette jeune fille devant laquelle on s'inclinait profondément, parce qu'elle semblait désormais la personnification d'une grande pensée chrétienne.

Elle y continua son éducation jusqu'au mois de juillet 1866, époque à laquelle elle fut dirigée vers la maison des Sœurs de la Charité et de l'Instruction chrétienne de Nevers, pour son noviciat. Elle réside dans cette maison sous le nom; en religion, de sœur Bernard; elle est attachée au service de l'infirmerie de ce vaste établissement religieux, où elle jouit de l'estime et de l'affection de ses compagnes.

Ainsi, Bernadette, séparée du monde, vivant dans une maison de prières, livrée à d'humbles fonctions, mourra sans doute dans ce pieux asile, après avoir pratiqué obscurément toutes les vertus chrétiennes et les sévères austérités du cloître.

Sa dépouille mortelle, qui appartient aux lieux choisis par sa dame, sera respectueusement déposée — nous n'en doutons point — sous la voûte de ces roches où, pendant sa vie, elle s'était pieusement agenouillée et où elle avait reçu les faveurs les plus signalées que le ciel puisse accorder à la terre. L'humble et sainte fille ne recevra qu'alors, après tant de sacrifices et de rudes épreuves si patiemment acceptés, la récompense due à ses vertus.

Sous ces voûtes choisies par la Reine du ciel, pour transmettre ses volontés à la terre, et sous ce temple splendide élevé par la piété de toutes les nations catholiques en l'honneur de la dame de Bernadette, cette pauvre fille des montagnes aura son tombeau.

Sa dépouille mortelle restera là, sous la protection de la Reine du ciel, jusqu'au jour où la justice éternelle de Dieu appellera les vivants et les morts, pour être jugés suivant leurs œuvres.

VII

**Investigations de l'autorité ecclésiastique.
Mandement de Mgr l'Évêque de Tarbes.**

La commission ecclésiastique se livra avec un grand zèle et une persévérance opiniâtre aux recherches prescrites par l'ordonnance de l'Évêque, pour arriver à la certitude sur la nature des apparitions, la découverte de la fontaine et le caractère des guérisons extraordinaires survenues sous l'action de l'eau de cette fontaine, à Lourdes, dans ses environs et dans les départements voisins, souvent d'une manière instantanée et chez des personnes abandonnées par la science humaine.

Pour arriver à ces constatations, elle eut recours aux déclarations des malades, des médecins qui les avaient soignés, des personnes qui les connaissaient depuis longtemps, enfin à la notoriété publique, qui ne pouvait laisser aucun doute sur l'état réel des personnes examinées.

Après plusieurs mois d'un travail considérable, la commission ecclésiastique parvint à établir parfaitement : 1° la réalité des apparitions d'un être surnaturel à Bernadette Soubirous; 2° la sanité de la raison de cette jeune fille; 3° l'importance des guérisons extraordinaires produites instantanément par l'eau de la fontaine des grottes de Massabielle, qui n'était pourtant, d'après des analyses faites par des chimistes habiles, que de l'eau ordinaire, de l'eau potable.

Ces longues et très-laborieuses opérations établirent la vérité incontestable des grandes choses qui s'étaient accomplies aux grottes de Massabielle, dans les mois de février, mars, avril, mai, enfin jusqu'au 8 juin, jour où l'arrêté du maire de Lourdes avait interdit l'accès de ces lieux de prières.

L'Évêque, malgré cet important travail de la commission ecclésiastique, ne crut pas devoir prononcer encore son jugement. Il laissa aux événements leur libre cours.

Ce ne fut que quatre ans après, c'est-à-dire le 18 janvier 1862, qu'il publia son Mandement sur l'apparition de la Sainte-Vierge, à Bernadette Soubirous, sous le nom d'*Immaculée-Conception*, sur la réalité de la découverte de la fontaine et sur les guérisons produites par ses eaux.

La foi publique, déjà fortement excitée par le fait des guérisons extraordinaires produites en divers lieux par l'eau de la fontaine de Lourdes, et sans cesse manifestée par un remarquable courant religieux vers les roches de Massabielle, cette foi fut prodigieusement activée par le Mandement de l'Évêque de Tarbes, qui mettait désormais hors de doute les merveilles opérées aux grottes de Lourdes.

Ce Mandement, tombant dans le domaine de la publicité, fut l'occasion, pour les organes du journalisme, surtout dans les grands centres de population, des appréciations les plus controversées ; mais par là même arrivèrent à la connaissance de toute la catholicité les apparitions qui avaient eu lieu aux grottes de Massabielle et les guérisons nombreuses qui s'y opéraient chaque jour.

Depuis ce moment surtout, la Grotte devint un sanctuaire vénéré, où l'on se rendait de toutes les parties du monde pour implorer les faveurs du ciel et obtenir des guérisons que la science humaine n'avait pu réaliser.

C'est un spectacle vraiment grandiose que ce mouvement des populations, déplacées par masses immenses et convergeant vers le sanctuaire de Lourdes, en longues processions, souvent dirigées par les princes de l'Église. Ce qui étonne le plus dans les pèlerinages, c'est la foi vive qui anime les cœurs ; c'est le recueillement profond qui se lit sur tous les visages.

Ce courant religieux, établi d'une manière si évidemment providentielle, ne cessera plus.

Quand les temps seront enfin devenus plus calmes, quand Dieu aura fait sonner l'heure de la paix du monde, tous les peuples chrétiens, mieux encore qu'aujourd'hui, traverseront mers et déserts, pour porter leur foi, leurs espérances, leur amour aux pieds de cette image qui rappelle sur le lieu même les apparitions de la Mère de Dieu à Bernadette.

Le monument religieux construit sur la montagne miraculeuse, et où l'humble bergère avait souvent joui de la vue de l'Immaculée, attestera à l'univers entier que ce sanctuaire privilégié reste un lieu de soulagement pour ceux qui souffrent.

Depuis la promulgation du Mandement de Monseigneur l'Évêque de Tarbes, que de travaux exécutés sur les roches de Massabielle! Que de richesses déposées dans le temple consacré au culte de Marie!

Ce sanctuaire, vers lequel, le 6 octobre 1872, tous les autres sanctuaires de la France envoyèrent leurs représentants, avec les bannières qu'ils devaient y déposer, comme un hommage solennel, ce sanctuaire est devenu un asile de repos et de paix pour les âmes fatiguées des agitations du monde.

Le besoin d'épancher le sentiment d'une pieuse reconnaissance y fait venir des contrées les plus éloignées des familles entières, redevables à l'eau de la merveilleuse fontaine de la guérison des êtres les plus chers et qui, abandonnés par la science, étaient voués à une mort prochaine.

Les personnes qui habitent ces lieux privilégiés sont à chaque instant témoins de l'émotion profonde de familles venues parfois des confins de la terre, pour s'agenouiller humblement devant l'image de Marie et la remercier, dans le lieu de ses apparitions à Bernadette, de faveurs insignes obtenues par son intercession.

J'ai vu, au mois de septembre 1873, toute la famille Leroy, de la Trinidad (Amérique), visiter le sanctuaire de Lourdes, après un voyage de plus de trois mille lieues, et y déposer pieusement son offrande, en souvenir de la guérison de Mme Leroy, préservée par l'eau de la fontaine d'une mort qui paraissait imminente.

VIII

Moralité de la famille Soubirous.

Aussitôt que les journaux eurent porté au loin la connaissance des apparitions de Lourdes, je vis entrer chez moi un Romain de condition, nommé Rafaello Ginnasi, se disant neveu du Souverain-Pontife. Attiré dans la ville de Lourdes par le bruit des merveilles qui y avaient eu lieu, il désirait voir la jeune fille qui avait été pendant quelques jours en rapport avec un être surnaturel, et dont on commençait à s'occuper dans le monde religieux.

Bernadette, que je mandai près de nous, mit de l'empressement à satisfaire nos désirs. Aussitôt qu'elle fut en notre présence, Rafaello Ginnasi la regarda avec attention, cherchant d'abord à découvrir par la simple inspection de son visage quelle pouvait être la portée de son intelligence.

Bernadette, dont le naturel est très-bon, et qui était déjà habituée à se trouver en contact avec des personnes appartenant aux classes élevées de la société, ne s'émut point de l'attitude de l'étranger et de l'espèce d'investigation à laquelle il la soumettait.

Elle se laissa longtemps questionner sur ce qu'elle avait vu et fait à la Grotte de Lourdes, durant les apparitions de sa dame. Le noble Romain la fit entrer dans de minutieux détails sur la forme, la taille, le costume de l'apparition, et chercha par tous les moyens possibles à la faire tomber dans quelque contradiction. Ensuite, après avoir épuisé la série des questions qu'il s'était proposé de lui adresser, ce jour-là, il la pria de revenir encore quelquefois, pour qu'il pût lui parler de ses visites à la Grotte et lui remettre quelques objets précieux qu'il apportait de Rome.

Bernadette, avec son ingénuité parfaite et son caractère facile, vint plusieurs fois, dans l'espace de douze jours, satisfaire la curiosité de l'étranger, qui profitait largement de sa complaisance. Il lui dit un jour : « Vous prétendez que vous avez vu la Sainte-Vierge dans le costume que vous avez décrit; moi, je vous dis que vous ne l'avez pas vue. » Bernadette, sortant alors de sa placidité ordinaire, lui répondit avec une certaine vivacité : « Je l'ai vue, oui, je l'ai vue et bien vue! — Comment l'avez-vous vue? » lui objecta le Romain. Alors, s'impatientant davantage, elle lui dit : « Je l'ai vue avec *mes œils*. »

Rafaello Ginnasi, enchanté des manières de Bernadette, de sa candeur, de sa modestie, de la fermeté de son langage quand on la contrariait sur l'exactitude de ses récits, Rafaello Ginnasi lui offrit alors un chapelet d'une grande richesse, bénit par le Pape, la priant de l'accepter comme un hommage religieux offert à l'occasion des apparitions de la Sainte-Vierge, sous le nom d'*Immaculée-Conception*, et de lui donner en échange celui qu'elle avait dans la main lorsqu'elle se trouvait en sa présence.

Bernadette regarda avec assez d'indifférence ce beau chapelet et le refusa, en disant *qu'il était trop beau pour elle*, qu'elle ne devait jamais se dessaisir de celui qu'elle égrenait en présence de sa dame, et qu'elle le garderait soigneusement toute sa vie, nul autre ne pouvant lui rappeler aussi bien le souvenir des faveurs qui lui avaient été accordées par la Sainte-Vierge et les devoirs qui lui étaient à jamais imposés.

Les sollicitations réitérées de Rafaello Ginnasi échouèrent devant la fermeté de Bernadette quant au chapelet. Elle ne se laissa fléchir que pour une simple médaille, qu'elle ôta du paquet qui était suspendu à sa ceinture.

Alors M. Ginnasi, ému jusqu'aux larmes, lui dit : « Fille mille fois bénie, soyez toujours

Bernadette, l'enfant choisie par la Reine du ciel pour être sa messagère fidèle sur la terre. »

Puis, serrant affectueusement sa main, il lui déclara qu'étant venu à Lourdes, suivant les désirs du Chef de la catholicité, il lui ferait connaître tout ce qu'il y avait de modestie, de candeur, d'honnêteté dans sa personne : « Il vous bénira du haut de son trône sacré, lui dit-il, en remerciant la Sainte des saintes des insignes faveurs qu'elle vous a accordées, qu'elle a accordées à la ville qui vous a vu naître. »

Ainsi finirent les entretiens de Rafaello Ginnasi et de Bernadette.

Ce Romain, en me quittant, me demanda de le tenir au courant de toutes les affaires de la Grotte, ce que je lui promis et ce que je fis avec un soin scrupuleux. Notre correspondance eut une longue durée.

Pour être certain que mes lettres lui parviendraient sûrement, je lui demandai son adresse. « La voici, me dit-il : *Al signor Rafaello Ginnasi, Roma.* » Je lui fis observer que cette adresse n'assurait pas la remise de mes lettres, qu'il fallait y ajouter le nom de la rue, le numéro de la maison. Il me dit alors en souriant : « Ma famille est assez connue à Rome pour que des lettres, avec l'adresse que je vous donne, me parviennent toujours. »

Notre correspondance dura cinq ans environ. Il répondait exactement à chacune de mes lettres. Il ne cessait de prendre un vif intérêt à ce qui concernait les grottes de Massabielle.

Depuis les événements politiques survenus en Europe et surtout en Italie, je n'ai plus eu de lettres de cet excellent Romain. Aura-t-il péri pour la défense des droits sacrés de l'Église ? C'est ce que je ne sais pas. Mais ce qu'il y a de bien certain pour moi, c'est que, s'il vivait encore, il aurait été heureux de jouir de toutes les magnificences du sanctuaire de Lourdes, des nombreuses faveurs accordées à une ville qui est devenue pour la catholicité entière la Ville-Sainte, et où chaque jour se produisent, sous les yeux des populations accourues de loin pour s'agenouiller devant le sanctuaire de Marie, les guérisons les plus extraordinaires.

Mais c'est surtout Bernadette qu'on aimerait à retrouver dans la cité bénie. Dieu l'a voulu : elle ne pourra pas un seul instant revoir des lieux où autour d'elle, à genoux, en prières, des milliers de personnes, accourues de tous côtés, se pressaient pour assister à ses stations religieuses.

Comme je l'ai déjà dit, aussitôt que les obstacles placés devant les grottes de Massabielle, par l'ordre du préfet du département, furent enlevés, on vit affluer à Lourdes un concours incessant de personnes pieuses, souvent arrivées de très-loin pour satisfaire leur dévotion.

Mmes de Court, de Lyon, venues pour voir Bernadette, cherchèrent à la faire sortir de son état de pauvreté. Mais comme elles ne purent lui faire accepter aucun don, elles résolurent d'employer une partie de leur fortune à orner les lieux où cette jeune fille avait été en rapport avec la Sainte-Vierge.

Elles furent heureuses d'être les premières à déposer sur cette terre privilégiée les riches offrandes de la foi.

Elles firent construire, pour l'éminent prélat qui avait consacré le fait religieux des roches de Massabielle, une belle habitation près du sanctuaire de Marie.

Pour indiquer aux fidèles la place que la dame de Bernadette avait occupée, elles y firent ériger une statue en marbre blanc d'Italie, sculptée par un habile artiste de Lyon.

M. Fabich fit un modèle en plâtre de la sainte image, d'après les indications qu'il avait trouvées dans les divers écrits publiés sur l'apparition, de manière à rendre aussi exactement que possible la forme, la pose, les traits du visage, le costume de la dame mystérieuse.

Il ne voulut pas procéder à son travail définitif

sans avoir soumis le modèle, fait avec soin, aux appréciations de Bernadette elle-même. Il le lui montra, et Bernadette, se rappelant parfaitement tous les détails de l'apparition, fit au statuaire des observations importantes qui l'obligèrent à modifier son ébauche.

Ces indications l'étonnèrent; il ne put s'empêcher de dire que cette jeune fille avait fait des remarques qui semblaient révéler en elle la compétence spéciale d'un artiste de mérite.

La statue de la Sainte-Vierge doit donc en partie son admirable perfection à Bernadette, bien qu'elle aït exigé de la part de M. Fabich un long et minutieux travail.

Elle fut placée, le 4 mars 1864, dans la partie de la Grotte où la Sainte-Vierge apparaissait à Bernadette.

Quelques jours après, des personnes, désireuses de savoir quelles seraient les impressions de cette jeune fille à la vue de l'image, l'attirèrent aux grottes de Massabielle.

Aussitôt qu'elle aperçut la statue, un cri de vive surprise s'échappa de sa poitrine. Elle fut obligée de s'éloigner promptement. Elle ne pouvait supporter la vue d'une froide image qui lui faisait ressentir le regret de ne plus voir la réalité dans tout l'éclat de sa splendeur céleste.

Bernadette, depuis ce moment, se tint éloignée

de ce lieu privilégié où la Mère de Dieu l'avait comblée de tant de faveurs. Elle lui dit adieu pour la vie, avec l'espoir qu'à son heure dernière, sa dépouille mortelle y serait déposée.

Fille humble et modeste, détachée des biens de la terre, permettez à un homme qui a eu l'heureux privilége de soigner votre santé, un instant chancelante, permettez-lui de parler de votre pauvreté.

Vous auriez pu, en ouvrant votre main aux richesses que l'on voulait y répandre, devenir au milieu de nous puissante par l'or qu'on faisait luire à vos yeux sans pouvoir les éblouir.

Permettez-moi de dire ici, à ceux qui vous ont tant calomniée, ce dont j'ai été maintes fois le témoin.

Vous étiez pauvre, et vous n'avez pas voulu sortir de cette pauvreté en recevant les dons de toute espèce que vous offraient à l'envi les bonnes âmes accourues vers le lieu de vos prières.

J'ai souvent vu les habitants des riches contrées du Béarn arriver avec de lourds paniers remplis de splendides provisions et vous prier de les accepter. En passant devant le sanctuaire de Bétharram, ils avaient demandé aux bons missionnaires de ce lieu s'ils pouvaient, sans offenser Bernadette et sa famille, leur offrir ces présents. Sur la réponse affirmative des Pères, ils s'empressaient, aussitôt arrivés à Lourdes, de déposer leur offrande dans la pauvre demeure de la jeune fille. Mais, malgré le dénuement de sa famille, elle n'acceptait jamais rien de ce que ces pieux Béarnais lui apportaient. La douleur et la surprise de ces naïfs laboureurs étaient extrêmes, lorsque de leurs paniers pleins aucune provision ne pouvait sortir, pour aider la famille de Bernadette à vivre moins péniblement.

Ils regagnaient leur beau pays, étonnés du désintéressement de la famille Soubirous et du refus absolu opposé à leurs offres.

En repassant devant l'ermitage de Bétharram, ils s'empressaient de raconter aux missionnaires ce qui leur était arrivé.

Ainsi a vécu parmi nous cette jeune fille si remarquable par la simplicité, la douceur, l'abnégation, la pureté de sa vie, et que bien des gens ont présentée comme le type vivant de la fourberie, de la cupidité. De la cupidité, grand Dieu ! Si cette pauvre fille avait voulu être riche, plus riche que ceux qui la calomniaient si facilement, elle n'aurait eu qu'à accepter les monceaux d'or que lui offraient si généreusement d'opulentes familles, heureuses, si elles l'avaient pu, de transformer la position si difficile de Bernadette et des siens.

Pour être riche, très-riche, cette famille n'avait qu'à agréer, au milieu de tant d'autres, les offres considérables qui lui étaient faites par une dame de haute condition, pour avoir Bernadette avec elle.

Non, rien n'a pu tenter cette *cupidité* dont tant de gens parlent encore.

Bernadette, après les événements survenus aux grottes de Massabielle, a vécu au milieu de ses concitoyens pendant environ sept ans, sans vouloir sortir de sa médiocrité. Pauvre, elle a quitté la ville de sa dame, afin de consacrer sa vie à la prière, dans une humble retraite ; elle y mourra sans avoir voulu un seul instant en sortir, pour contempler les magnificences qu'à sa voix les hommes ont déposées dans ce temple superbe, construit sur le lieu de ses ferventes prières.

On peut voir quelle était la pauvreté de la famille Soubirous et les scrupules avec lesquels elle repoussait les offres qu'on ne cessait de lui faire, pour changer en un instant sa condition pénible.

Elle refusait obstinément tout secours, désirant ne devoir qu'à son travail le pain de chaque jour.

Un sentiment profond lui révélait sans doute que Bernadette, à la vie de laquelle semblait attachée une œuvre sainte, ne devait rien accepter qui pût compromettre aux yeux des hommes et de Dieu la pureté que cette vie devait conserver.

Plusieurs personnes qui visitèrent un jour Bernadette et sa famille en ma présence, attristées à la vue de leur dénuement, me prièrent de les engager à accepter les secours en argent qu'elles seraient si heureuses de leur offrir. Plusieurs bourses remplies d'or furent déposées aussitôt sur une table, avec prière de les accepter. Ces dons eurent le même sort que ceux qu'on avait déjà tant de fois présentés à la famille Soubirous.

Je pourrais entrer, s'il le fallait, dans de nouveaux détails et prouver, par une masse de faits qui se sont produits à diverses époques sous mes yeux, le désintéressement absolu de ces braves gens.

La famille du meunier Soubirous était pauvre à l'époque des événements survenus aux grottes de Massabielle, et elle est restée pauvre au milieu de toutes les richesses qu'on ne cessait de lui offrir avec persistance.

Le père et la mère de Bernadette sont morts dans le besoin. Leurs enfants ne sont pas sortis de cet état d'indigence.

Cette famille n'a jamais demandé qu'à un travail persévérant et honnête ses moyens d'existence. C'est ainsi qu'elle a répondu aux accusations passionnées lancées contre elle.

Bernadette, comme son père, comme sa mère, finira sa vie dans la pauvreté. Nouvelle grandeur ajoutée à toutes les grandeurs qui honorent sa vie !

Je crois avoir établi de la façon la plus décisive, à l'encontre des inventions d'un monde injuste et passionné, l'état moral de cette famille, qui se recommande hautement et de toute manière à l'estime publique.

Je dois maintenant examiner les interprétations d'un ordre différent qu'on a opposées avec encore plus de persévérance à la mission surnaturelle de Bernadette elle-même.

IX

Etat mental de Bernadette.

Au moment où Bernadette était en prières devant les grottes de Massabielle, lorsque son visage subissait des transformations si remarquables, bien des gens disaient que cette jeune fille était atteinte d'une affection nerveuse qui, pour les uns, était la catalepsie; pour d'autres, l'extase maladive; pour le plus grand nombre, une affection cérébrale produisant dès hallucinations, des visions.

Ces opinions, clairement exprimées chaque jour, donnaient lieu à de vives discussions.

Deux camps s'étaient formés autour de Bernadette.

Dans l'un, où la passion tenait la place de la raison et de l'étude, on voulait que Bernadette fût atteinte d'aliénation mentale et que son extase devant les grottes de Massabielle ne fût que le produit d'un dérangement de la raison, donnant naissance à des hallucinations fréquentes de la vue et de l'ouïe.

Dans l'autre camp, où se trouvaient des hommes plus calmes, mieux disposés à étudier un fait qui se produisait au grand jour, sous les yeux de tous ceux qui voulaient l'examiner, on ne se prononçait pas avec autant de hardiesse. On suivait Bernadette avec soin, on l'observait avant ses stations religieuses à la Grotte, durant ses prières, quand elle s'éloignait de ces lieux, enfin dans l'intervalle de ses visites aux roches de Massabielle.

Pour moi, qui cherchais à bien déterminer l'état réel de cette jeune fille, dont les circonstances m'avaient particulièrement rapproché, je m'attachais à ses pas avec une extrême persistance. Je ne voulais pas émettre légèrement mon sentiment.

Pour procéder avec prudence, je dus tenir compte de la jeunesse de Bernadette, de la vie simple qu'elle avait menée jusqu'à l'âge de quatorze ans, au milieu d'une famille d'honnêtes agriculteurs, n'ayant aucune habitude qui disposât son esprit aux idées superstitieuses, aux croyances religieuses désordonnées.

J'examinai avec une grande attention l'intelligence de Bernadette, ses tendances, ses dispositions morales, l'état de sa raison. Les longues études que je fis dans ce sens ne me donnèrent que ce résultat : c'est que Bernadette était douée d'une sage raison, d'une rare bonté de caractère et d'une intelligence ordinaire, qui ne pouvait d'aucune façon la disposer à l'exagération d'idées et de pratiques religieuses ; que des aberrations de ce genre n'étaient pas entrées par contagion dans sa tête enfantine, puisque dans la maison de sa mère adoptive elle n'avait reçu que les notions les plus vulgaires de la religion chrétienne.

Ces faits étant bien établis pour moi, afin de détruire toutes les impressions fâcheuses que l'on cherchait à accréditer contre Bernadette, je dus étudier les diverses maladies dont on voulait qu'elle fût atteinte.

La catalepsie et l'extase maladive se présentèrent d'abord à l'esprit des opposants comme la cause des phénomènes insolites qui se produisaient chez Bernadette, quand elle était en prières devant les grottes de Massabielle.

Pour détruire ces assertions, il me suffisait de rapprocher de l'état de Bernadette, à ces moments mêmes, l'état des sujets pris de catalepsie, d'extase maladive. Je disais à ceux qui voulaient poursuivre avec moi cette étude : « Rappelez-vous donc comment Bernadette procède devant les grottes de Massabielle. Elle jouit là, comme partout ailleurs, de l'usage de tous ses sens et des mouvements soumis à l'action de la volonté. Ne songez donc point à la catalepsie, affection ordinairement accompagnée de la perte de connaissance et d'une raideur tétanique partielle ou générale, mais avec cette particularité que les membres conservent pendant la durée de l'attaque la position qu'ils avaient au début de l'accès, ou bien celle qu'on était parvenu à leur donner, quelque pénible ou quelque incommode qu'elle fût. La catalepsie, après une durée variable, se dissipe peu à peu. Les malades, revenus à eux, sont fatigués, agacés, ne conservent aucun souvenir de l'attaque qu'ils ont eue.

» Quant à l'extase maladive, c'est un état dans lequel le sujet, livré complétement à une pensée dominante, reste immobile et étranger à tout ce qui l'entoure.

» Les individus en extase maladive offrent, comme phénomènes communs, la suspension des mouvements volontaires et de l'exercice des sens. Après les accès, les extatiques se plaignent de fatigue, de froissement des membres; ils sont en général très-abattus ; il en est qui accusent de l'oppression, des battements de cœur, etc., etc. »

On peut voir, en rapprochant ces deux états de celui de Bernadette durant ses stations religieuses aux grottes de Massabielle, qu'il est impossible de l'assimiler à celui des personnes atteintes de maladies nerveuses aussi violentes.

Bernadette, devant les grottes et en prières, jouissait, je l'ai dit, de la plénitude de ses sens et des mouvements soumis à l'action de la volonté. Elle accomplissait là une foule d'actes qui la montraient entièrement maîtresse d'elle-même et en possession de toute son activité volontaire.

Après les stations religieuses et l'extase qu'elle éprouvait pendant leur durée, elle quittait le lieu de ses prières, sans fatigue, sans éprouver ni brisement des membres ni lassitude, conservant le souvenir parfait de tout ce qu'elle avait fait pendant le temps de sa vision.

Ces indications rapides suffisent à prouver que Bernadette n'était atteinte ni de l'une ni de l'autre des affections nerveuses dont je viens de parler.

Restait à examiner s'il était possible d'attribuer les actes qu'elle accomplissait devant les grottes à une affection cérébrale qui la prédisposât aux hallucinations de la vue et de l'ouïe, qui pût enfin la rendre visionnaire.

Les hallucinations sont des sensations produites dans les organes des sens, sans qu'il existe en eux ou à l'extérieur aucune cause appréciable d'excitation.

Les hallucinations sont un phénomène purement cérébral. Voir des corps qui n'existent pas, converser avec des personnes absentes, entendre des sons harmonieux, lorsque le calme et le silence règnent partout, ce sont là des troubles qui indiquent nécessairement une modification morbide du cerveau. On n'est ni bien portant ni sain d'esprit, lorsqu'on rêve tout éveillé.

Cette définition des hallucinations, fournie par les médecins aliénistes de notre époque, indique assez que les sujets qui présentent ces phénomènes se trouvent placés sous l'influence d'un dérangement mental, d'une véritable folie.

Ainsi, les personnes qui affirmaient que Bernadette était une hallucinée, qu'elle ne devait qu'aux perceptions fausses des deux sens de la vue et de l'ouïe ses relations avec l'être mystérieux qu'elle disait lui apparaître, déclaraient par là même qu'elle était atteinte d'aliénation mentale et que, par conséquent, l'on ne devait avoir aucune foi en ses déclarations, ni tenir aucun compte des actes qu'elle accomplissait devant les roches de Massabielle.

Des affirmations aussi catégoriques exigeaient, de la part de ceux qui recherchaient la vérité et qui voulaient déterminer avec exactitude le caractère de faits si fréquemment reproduits, une étude complète et minutieuse des éléments qui les constituaient.

Et d'abord, Bernadette, bien examinée dans les actes ordinaires de sa vie, ne s'offrait à l'observateur que sous de bons rapports : elle était simple dans ses habitudes; il n'y avait en elle absolument rien qui fît supposer le moindre dérangement mental.

Elle était soumise, laborieuse, attachée aux petites affaires de sa pauvre maison. Elle aimait ses parents, qui, à cause de sa bonté, de la douceur de son caractère, de son zèle à remplir ses devoirs, l'affectionnaient d'une manière toute particulière.

Au dehors, ses rapports avec les personnes qui avaient l'occasion de la voir souvent la faisaient considérer comme une enfant sans prétentions, d'une honnêteté, d'une modestie remarquables, d'habitudes très-régulières.

La vie de Bernadette, devenue tout à coup une source de vives émotions pour les âmes, aurait dû, ce semble, lui donner des sentiments d'orgueil, lui inspirer une exaltation vaniteuse, en rapport avec la considération qui s'attachait à ses pas. Mais elle resta telle qu'elle était avant ses stations religieuses aux grottes de Massabielle, douce, calme, absolument maîtresse d'elle-même, possédant une raison saine, à l'abri d'un entraînement irréfléchi.

Généralement considérée depuis cette époque

comme chargée d'une mission particulière qui la mettait en grande évidence et en haute estime, elle se soumettait facilement à l'examen rigoureux de tous ceux qui voulaient scruter son état mental, et personne n'a jamais pu la trouver atteinte d'un dérangement quelconque de la raison.

Avant, comme après chacune de ses stations aux grottes de Massabielle, elle donnait accès dans sa pauvre maison à ceux qui désiraient la voir, la questionner sur ce qu'elle avait vu et fait à la Grotte, sur le caractère et la nature des apparitions de sa dame. Soumise ainsi chaque jour aux investigations les plus sévères et les plus intelligentes, elle sortait triomphante de ces épreuves répétées.

Elle laissait après ces visites, dans tous les esprits justes, honnêtes, éclairés, une impression toujours identique : celle d'une jeune fille dont les facultés intellectuelles n'ont subi aucune altération.

Etudions-la en présence des gens de la justice, de l'administration, de la police, intéressés à troubler ses idées, à la faire tomber dans toutes sortes de contradictions, soit par ruse, soit par intimidation. Eh bien ! nous la trouvons, dans ces situations si délicates, toujours maîtresse de l'intégrité de ses facultés intellectuelles, déjouant leurs projets, les jetant dans les plus grands embarras, ne leur laissant en définitive que mécomptes et confusion.

Lorsque des personnes, mues par des sentiments très-différents, abordaient Bernadette pour la questionner sur l'être mystérieux qui lui apparaissait aux grottes de Massabielle, elle ne racontait jamais qu'avec calme, avec exactitude, ce qu'elle avait vu et accompli, et elle le redisait toujours de la même manière.

Bernadette avait une raison sûre, que rien dans les habitudes de sa vie n'avait pu altérer.

Jeune fille d'une intelligence ordinaire, d'une nature calme et paisible, elle n'avait vécu dans aucun milieu qui pût troubler son état mental et la diriger vers des excentricités religieuses.

Dans ses stations mêmes aux grottes de Massabielle, se sont accomplis des actes d'une grande importance, qui suffiraient à prouver la sanité de sa raison, la vérité, la sincérité incontestable de ses déclarations.

Prenons pour exemple la découverte de la fontaine. Peut-on penser que tous les actes accomplis par Bernadette pour arriver à ce résultat soient le produit d'un cerveau malade ? L'aurait-on vue, sous l'influence d'une telle cause, quitter la place qu'elle occupait à genoux, au haut des grottes, pour se diriger d'abord vers le Gave, afin de boire et de laver son visage, puis revenir vers la fontaine, quand la dame l'avertit de son erreur? Quel trouble mental put lui indiquer avec cette précision l'endroit où devait surgir de terre la fontaine destinée à tant de célébrité ?

Ces divers faits, qui ont produit des résultats si importants, ne prouvent-ils pas jusqu'à la dernière évidence, surtout quand on les rapproche des guérisons extraordinaires opérées par l'eau ainsi découverte, que Bernadette, dans chacun de ses actes aux grottes de Massabielle, agissait comme une jeune fille d'une raison saine, exempte de ces sensations maladives que la science appelle hallucinations ?

La durée des stations de Bernadette devant les grottes de Massabielle, qui n'a été que d'environ quinze jours, mérite encore l'attention des juges éclairés. Si elle avait été atteinte d'une maladie cérébrale donnant naissance à de fréquentes hallucinations de la vue et de l'ouïe, cette maladie, de nature chronique, n'aurait pas cessé, exactement après la dernière des stations ordonnées par un être mystérieux, sans laisser le moindre vestige de son existence.

Bernadette, qui après ce terme de rigueur s'était bien souvent transportée devant les grottes pour joindre ses prières à celles de toutes les personnes qui y allaient en même temps qu'elle, n'a plus offert les phénomènes si remarquables qui se produisaient en elle lorsque sa dame lui apparaissait.

Enfin, elle vit aujourd'hui, très-saine d'esprit, dans la maison des Sœurs de la Charité èt de l'Instruction de Nevers, où elle est attachée à l'infirmerie, pour soigner ses compagnes : utiles fonctions dont elle s'acquitte avec un zèle et un dévouement parfaits.

Telle est la manière d'être de Bernadette, après la grande œuvre qui a surgi par son entremise dans sa ville natale, œuvre qui a remué profondément la catholicité entière et qui a rendu la santé à une foule de malheureux abandonnés par la science humaine.

X

Caractères de l'extase de Bernadette. — Nature de cette extase; ses causes.

Bernadette, pendant ses stations aux grottes de Massabielle, offrait, quand elle paraissait être en rapport avec un être mystérieux qui n'était vu que d'elle, une extase d'une nature particulière. Alors les traits de son visage montaient légèrement, puis s'épanouissaient. Bientôt se répandait sur eux l'expression d'une douce béatitude; dans ce moment, Bernadette remuait les lèvres : nul son ne s'en échappait, pour les personnes qui l'entouraient.

Pendant la durée de ses extases, elle dévidait son chapelet de la main gauche, pendant qu'elle tenait de la main droite un cierge allumé.

Le jour de la découverte de la fontaine, Bernadette, avant de quitter la place qu'elle occupait à genoux, sur le haut des grottes, était entrée dans cet état d'extase qui persévéra, gardant toujours les mêmes caractères, durant les actes qu'elle accomplit pour découvrir la fontaine où sa dame lui avait dit de boire et de se laver.

Cet état, fort remarquable, avait visiblement transformé toute sa personne.

Ceux qui, comme moi, étaient à portée de la bien observer, comprenaient qu'elle accomplissait alors des actes importants qui devaient bientôt donner des résultats extraordinaires.

Cette extase de Bernadette, bien différente de l'extase maladive dont j'ai déjà parlé, avait des caractères exceptionnels, qui lui assignent une place à part dans l'ordre des phénomènes psychologiques dont je m'occupe.

Cette extase, de courte durée, faisait apparaitre cette pauvre enfant sous un aspect rayonnant de béatitude céleste. En la voyant ainsi, l'on se demandait, dans le plus grand étonnement, la cause d'un pareil phénomène.

Eh bien ! malgré toutes les résistances d'un esprit peu porté aux croyances surnaturelles, on était forcé de déclarer qu'il y avait dans ces faits extraordinaires un cachet de grandeur qui ne pouvait appartenir à la terre.

Aussi, les personnes qui dans ces moments avaient vu Bernadette, devant les grottes de Massabielle, s'éloignaient d'elle en déclarant qu'elle accomplissait une œuvre d'une portée surhumaine et qu'il y avait dans sa vie une prédestination que nul ne pouvait méconnaître.

L'extase de Bernadette leur paraissait une extase d'un caractère très-spécial, déterminée par la présence d'un être mystérieux et puissant, n'apparaissant qu'à elle, au milieu de curieux ouvrant de grands yeux pour ne rien voir.

Le caractère surnaturel des extases de Bernadette serait suffisamment établi par la découverte de la fontaine et par le grand nombre de guérisons importantes survenues partout, depuis cette époque, par l'action de l'eau de cette source. Mais il est utile de remarquer aussi, comme je l'ai fait plus haut, que cet état, bien différent de l'extase maladive, ne la privait ni de l'usage de ses sens, ni des mouvements soumis à l'action de la volonté : elle n'était suivie d'aucune fatigue, ni de brisement de membres, ni d'oppression, ni de battements de cœur, enfin d'aucun désordre nerveux. En sortant de cet état remarquable, les forces de Bernadette paraissaient s'être accrues; car elle gravissait alors les pentes si rapides, si rocailleuses des rives de Massabielle, avec la même facilité, la même agilité qu'en toute autre occurrence. Elle gardait parfaitement le souvenir de toutes les particularités se rattachant à ses stations, qu'elle faisait connaître avec une parfaite exactitude.

Je suis persuadé que Bernadette, après quinze années écoulées depuis ces événements mémorables, n'a rien oublié de tout ce qu'elle a fait et vu aux grottes de Massabielle, et qu'il lui serait très-facile encore, sans omettre le plus petit détail, de retracer l'histoire, jour par jour, des apparitions de sa dame.

Je puis, ce me semble, conclure de ces quelques considérations que les stations de Bernadette devant les roches de Massabielle ont un caractère essentiellement surnaturel, et que cette jeune fille a été là en rapport avec un être mystérieux qui, après des demandes réitérées, s'est fait connaître sous son véritable nom, celui d'*Immaculée-Conception*. Ce nom, désormais inséparable des événements qui sont survenus aux roches de Massabielle, leur a donné une importance immense, qui attire aux lieux des prières de Bernadette la catholicité tout entière.

Je dois maintenant, aux nombreuses personnes qui m'ont inspiré par leurs demandes réitérées l'œuvre que j'ai entreprise, le récit de plusieurs guérisons obtenues au moyen de l'eau des grottes de Massabielle, et dont j'ai été le témoin oculaire, et celui d'un grand nombre de faits médicaux recueillis dans diverses parties de la catholicité, concernant des affections graves, qui avaient résisté à toutes les ressources de la science médicale et que l'eau des grottes de Massabielle a fait disparaître instantanément. Je joindrai au récit détaillé de ces faits les attestations des médecins qui avaient donné leurs soins aux malades.

Ces attestations, provenant d'hommes instruits, d'une honorabilité parfaite et jouissant de l'estime des populations au milieu desquelles ils exercent leur noble profession, inspireront, j'ose le croire, une entière confiance.

XI·

Puissance que bien des gens veulent m'attribuer.

Quand le fait religieux des grottes de Lourdes fut parfaitement établi et que de nombreuses populations se rendirent journellement dans ce lieu de miracle, bien des gens, dans nos contrées, étonnés de ce mouvement étrange et ne voulant pas l'attribuer à sa vraie cause, me disaient souvent et fort résolûment : « Voilà votre œuvre! La ville de Lourdes vous doit de grands remerciements, pour avoir si bien organisé son sanctuaire, qui attire dans votre cité la catholicité entière. — Grand merci, leur répondais-je, de l'honneur que vous voulez bien me faire ; mais je suis loin de l'accepter, parce que l'œuvre si importante des grottes de Massabielle n'a pour moi qu'un caractère essentiellement surnaturel. »

Un de mes meilleurs amis me tenait un jour

ce même langage, en voyant arriver un grand nombre de pieux pèlerins. Je lui répondis : « Vous prétendez que l'œuvre extraordinaire des grottes de Massabielle m'appartient. Je vous déclare hautement le contraire. Et puisque telle est votre pensée sur la puissance d'un homme, je vous convie à entreprendre les mêmes choses que lui. Vous êtes fort riche, vous jouissez dans votre pays d'une immense influence, vous habitez la plus belle vallée que l'on puisse imaginer, munie de grottes, traversée en tous sens par des cours d'eau magnifiques et par une voie ferrée : trouvez sur cette terre privilégiée une jeune fille en tout semblable à Bernadette ; apprenez-lui à captiver par ses prières et son attitude l'attention publique, à grouper des milliers de curieux autour d'elle ; et lorsque, avec votre puissant secours, un sanctuaire aura été créé dans votre contrée, tel que celui que la ville de Lourdes possède ; lorsque votre jeune fille aura fait sortir de terre une eau produisant sans cesse des guérisons merveilleuses, pareilles à celles qu'opère l'eau de la fontaine de Lourdes, et dont le monde entier a été témoin ; alors, et alors seulement, je m'inclinerai devant le fait accompli et je déclarerai, à la face d'Israël, que j'ai eu la puissance de soulever la catholicité tout entière et de la conduire, comme un docile agneau, à ce sanctuaire aujourd'hui si vénéré. Si vous craignez de tenter l'aventure, ou si pareille tentative reste impuissante sous tous les rapports, vous me permettrez de vous dire alors que je ne puis avoir plus que vous l'orgueil de m'attribuer un pouvoir aussi extraordinaire ; que si les circonstances m'ont dirigé vers les grottes de Massabielle, lors des stations religieuses de Bernadette ; si j'ai été poussé, par une volonté dominant la mienne, à recueillir les premiers faits de guérisons qui se sont opérées dans ces lieux, je ne dois être considéré que comme un simple et très-simple instrument de cette œuvre mystérieuse qui, pour moi et pour tous ceux qui la veulent bien étudier dans son ensemble, ne peut avoir un caractère terrestre. »

Si je pouvais citer les noms d'hommes certainement honorables qui ont été dans les affaires de Lourdes les agents d'une très-vive opposition, il me serait facile de démontrer qu'un sentiment d'amour-propre, remplaçant la voix de la saine raison, les pousse seul, en présence de faits patents, à se maintenir obstinément dans leurs impressions d'autrefois, sauf à ne les manifester qu'à voix très-basse, parce qu'ils n'ont pas le courage de combattre directement la foi publique.

Tout dernièrement, le hasard me fit rencontrer, dans un train qui passait devant les grottes de

Massabielle, avec un puissant et dangereux adversaire du sanctuaire de Lourdes.

Lorsque notre wagon fut en face du sanctuaire, cet homme, troublé par la vue du splendide monument construit sur ces roches par la piété chrétienne, et se trouvant embarrassé par mon regard scrutateur, me dit en balbutiant : « Voilà votre œuvre! — Non, lui répondis-je aussitôt ; malgré vous, malgré vos efforts pour l'anéantir, c'est l'œuvre de Dieu, devant laquelle s'inclinent aujourd'hui tous les fronts chrétiens. »

Cette réponse parut le frapper au cœur ; du moins elle le plongea dans un mutisme dont rien ne réussit plus à le tirer.

XII

Les guérisons miraculeuses devant le sanctuaire de Lourdes. — Première observation concernant Louis Bouriette.

Les guérisons opérées à Lourdes forment une longue chaîne, dont j'ai avant tout autre constaté l'existence, ses premiers anneaux s'étant formés sous mes yeux, dans les lieux mêmes où un être mystérieux avait apparu à Bernadette.

Le point de départ de cette longue chaîne est donc le sanctuaire de Lourdes. Elle s'est de là étendue de proche en proche, d'abord dans les communes entourant la ville, ensuite dans le pays et dans les départements voisins, puis dans les diverses parties de la France, enfin dans toutes les contrées de la catholicité.

Ce sanctuaire, si célèbre aujourd'hui, possède sous les pieds de la statue de la Sainte-Vierge de nombreux témoins muets, mais irrécusables, de toutes les guérisons extraordinaires opérées par l'eau de la fontaine : ce sont des souvenirs laissés par des infirmes de toute espèce, débarrassés là des maux qui les accablaient depuis plusieurs années et contre lesquels la science humaine avait été impuissante.

Les guérisons sont le ciment de ce vaste édifice historique qu'on appelle l'affaire de Lourdes.

Je l'ai étudiée avec un soin infini et une très-grande persévérance, et je déclare que ce sont les guérisons qui se sont produites au sanctuaire de Lourdes, sous l'action de l'eau de la fontaine, qui en ont rendu le caractère surnaturel parfaitement évident aux hommes de bonne foi.

Je dois avouer ici que, sans ces guérisons, mon esprit, peu enclin à accepter une explication miraculeuse quelconque, n'aurait cédé que bien difficilement, même sur un fait si remarquable sous tant de rapports. Mais les guérisons dont j'ai été si souvent le témoin oculaire, et dont je vais m'occuper, ont jeté dans mon esprit une lumière qui ne m'a pas permis de méconnaître l'importance des visites de Bernadette aux grottes de Massabielle et la réalité des apparitions dont elle a été favorisée.

Ces guérisons, mal acceptées, je le sais, par les personnes décidées à s'inscrire en faux contre les faits survenus à Lourdes, ne peuvent cependant être sérieusement contestées. Nous ne demandons aux opposants que de vouloir bien les étudier avec nous.

Fondée aux grottes de Massabielle, l'œuvre immense dont j'ai vu le commencement, que j'ai suivie à travers tous les obstacles qui lui ont été vainement opposés, que j'ai vue arriver à une grandeur vraiment surprenante, occupe dans ce moment le monde entier et l'occupera toujours, parce qu'elle a une base commune avec la religion catholique elle-même, dont elle n'est qu'une manifestation spéciale et une démonstration sensible, par toutes les guérisons miraculeuses qui se produisent sans cesse devant le sanctuaire de Lourdes.

Le premier fait de ce genre qui s'offrit à mon observation fut celui de Louis Bouriette, carrier de la ville de Lourdes.

Un jour de l'année 1858, peu après les événements survenus aux grottes de Massabielle, comme je traversais une des promenades de la ville, vingt-cinq hommes de tout âge, réunis en groupe, m'arrêtèrent pour me parler de nombreuses guérisons opérées par l'eau de la fontaine de Bernadette. J'écoutai ces hommes avec attention, fort surpris de tous leurs récits. Bientôt Louis Bouriette se joignit à nous, en me disant : « Je suis persuadé que tous ces gens-là vous parlent des cures merveilleuses que l'eau de la grotte produit tous les jours. — Oui, Louis, lui répondis-je, et ces récits me paraissent si étranges que je les

considère comme des contes bleus. — Eh bien !
puisque vous êtes incrédule à cet endroit, veuillez
m'écouter : Vous vous rappelez sans doute le
terrible accident dont j'ai été victime, il y a bien
des années, et la blessure de mon œil droit, qui
m'avait rendu borgne. Eh bien ! cet œil, grâce à
l'eau de la fontaine des grottes de Massabielle,
a repris sa vertu, complétement anéantie depuis
longtemps. Actuellement il perçoit aussi parfaitement les objets que l'œil gauche. »

Surpris de la déclaration de Louis Bouriette,
craignant qu'il ne voulût tirer vanité d'un miracle inventé à plaisir, je lui dis : « C'est ce que
nous allons voir. » Et, après lui avoir placé un
bandeau sur l'œil gauche, je me mis à une vingtaine de pas de mon homme ; je fis alors exécuter
à mes mains toutes sortes de mouvements, que
Louis Bouriette distingua complétement. Après
cela, me rapprochant de lui, j'écrivis au crayon
quelques lignes sur mon carnet, qu'il déchiffra
sans difficulté.

Ces deux expériences si concluantes me jetè-
rent dans le plus grand étonnement ; je demandai
alors à Louis Bouriette, en présence des vingt-
cinq hommes qui m'avaient retenu près d'eux,
ce qu'il avait fait pour obtenir un tel résultat.

« Aussitôt, me dit-il, que Bernadette eut fait
jaillir du sol de la Grotte la fontaine qui guérit

tant de malades, je voulus avoir recours à son eau pour guérir mon œil droit. Un jour que toute ma famille allait aux champs, je retins ma plus jeune fille auprès de moi; je lui remis un fond de bouteille et l'envoyai aux grottes de Massabielle, pour qu'elle le remplît de l'eau, encore bourbeuse, que fournissait la source découverte par Bernadette. Quand cette eau fut en mon pouvoir, je me mis en prières, et, m'adressant à Notre-Dame de la Grotte, je la suppliai humblement de vouloir être avec moi pendant que je laverais mon œil droit avec l'eau de sa fontaine. Aussitôt je mouillai plusieurs fois de suite l'œil perdu, avec cette boue fortement détrempée qui se trouvait dans le fond de la bouteille. Après avoir terminé ces ablutions et ma prière, je regardai autour de moi, avec attention et en me servant des deux yeux à la fois, tous les objets qui se trouvaient dans ma chambre. Ils m'apparaissaient plus distinctement qu'avant mon opération. Je fermai alors l'œil gauche, pour ne me servir que du droit, qui, à ma grande surprise, avait repris ses facultés visuelles. Je le lavai encore plusieurs fois, dans l'espace de peu de temps, et ma vue, après ces divers lavages, a été ce qu'elle est en ce moment, excellente. »

J'examinai, après ce récit si important, les deux yeux de Louis Bouriette, qui ne me parurent offrir, dans leur forme et l'organisation de leurs diverses parties, aucune différence. Les pupilles des deux yeux fonctionnaient régulièrement sous l'action de la lumière. Sur l'œil droit, et dans sa partie inférieure, existait une cicatrice bien apparente, à la réunion de la circonférence de la cornée transparente avec la sclérotique, et dans une étendue d'un centimètre environ. C'était la seule trace qui restât sur cet organe de l'action de l'agent vulnérant qui l'avait atteint.

Le rétablissement de la vision dans l'œil droit, qui en avait été privé pendant plus de vingt ans, est un fait de la plus grande importance, qui m'oblige à faire connaître dans ses plus grands détails l'observation concernant Louis Bouriette, pour que tout lecteur impartial, en appréciant la puissance de l'agent vulnérant, la gravité des désordres qu'il avait produits, puisse en même temps apprécier aussi la puissance de l'agent de curation employé par Louis Bouriette.

Cet homme, carrier de son état, était un jour occupé avec son frère Joseph à charger un trou de mine. Pendant cette opération dangereuse, ils eurent le malheur de faire une manœuvre qui mit la poudre en feu. L'explosion violente qui se produisit autour des deux frères amena subitement la mort de Joseph. Louis, violemment renversé sur le cadavre de son frère, resta plus de deux heures sans connaissance, les mains et le visage affreusement brûlés. Les corps des deux malheureux carriers furent portés dans leur maison, où Louis reçut immédiatement tous les soins que son état réclamait.

Ce malheureux fut atteint d'une méningite violente (inflammation des enveloppes du cerveau), accompagnée d'un délire qui le rendait fort dangereux. Pour le contenir et mettre ceux qui le soignaient à l'abri de tout accident, je fus obligé de lui faire mettre la camisole de force.

L'affection cérébrale dura trois mois ; les brûlures du visage et des mains disparurent assez rapidement.

Quand Louis parut suffisamment guéri pour pouvoir quitter sa maison et reprendre ses travaux de carrier, il se trouva pris d'une agitation nerveuse qui l'obligea pendant deux ans à mener une vie vagabonde.

Après cette époque, cet homme, devenu plus calme, rechercha sérieusement le travail.

Un jour qu'il voulait se livrer à la taille de la pierre et exécuter un travail difficile, il s'aperçut que sa vue saisissait d'une manière si confuse les objets de petites dimensions, qu'il lui était impossible de vaquer à des travaux de cette nature. Il se rendit alors chez moi, pour me prier d'examiner ses yeux et d'en rétablir convenablement les fonctions, en employant tous les moyens en mon pouvoir.

J'examinai ses yeux et je constatai facilement que l'œil droit avait été blessé sur le bas de la circonférence de la cornée transparente, à son point de jonction avec la sclérotique ; que la pupille était fort dilatée, très-peu sensible à l'action de la lumière ; que, quelque position que l'on fît prendre à Louis Bouriette, dans quelque milieu lumineux qu'on l'établît, la vision était excessivement faible ; et quand on voulait que la perception des objets eût lieu, par l'emploi simultané des deux yeux, il y régnait une grande confusion, provenant de l'inégalité de la force visuelle des deux yeux.

Je ne laissai pas ignorer au carrier quelle était pour moi la gravité de la lésion de l'œil droit et la certitude que j'avais que l'amaurose, existant déjà presque complétement, deviendrait bientôt définitive, quels que fussent les traitements qu'on pourrait lui opposer.

Malgré ce pronostic, Louis Bouriette insista d'une manière particulière pour que je m'occupasse activement de le traiter.

Après mille essais infructueux, je fis enfin comprendre à Louis Bouriette que les fonctions de la vision étaient perdues du côté droit, et qu'il devait en prendre son parti.

Le pauvre carrier reprit son travail ordinaire aussi activement qu'il le put, n'ayant à son service que l'œil gauche. Il arriva ainsi jusqu'à l'époque des événements de la Grotte, et trouva enfin dans l'eau de sa fontaine le remède que la science médicale n'avait pas eu pour lui.

L'accident survenu à Louis Bouriette était tellement grave, que tout devait faire penser que la mort en serait la suite. La force de sa constitution et les traitements employés le préservèrent de cette fin, que bien des gens croyaient inévitable.

Mais l'amaurose de l'œil droit, résultat de la blessure faite à la cornée transparente par le choc d'un petit éclat de pierre et de l'ébranlement nerveux considérable imprimé au globe de l'œil, n'était curable par aucun moyen à la disposition de la science humaine.

La commotion produite par la violence du coup porté à cet organe avait atteint tout le système nerveux, et surtout la rétine, de façon à amener l'affaiblissement de la vision, et bientôt l'amaurose.

Il est constant, et la science est faite sur ce point (*), que toutes les fois qu'un œil est atteint par un corps grand ou petit, lancé par la poudre, lors même qu'il ne fait que raser sa surface en

______

(*) Boyer, *Traité de chirurgie ;* — Magendie, *Précis élémentaire de physiologie ;* — Devergie, *Médecine légale.*

passant, il éprouve une commotion qui suffit pour amener toujours une amaurose incurable.

Il arrive très-souvent que l'œil opposé, qui n'a pu échapper à l'action de la commotion produite, à cause des rapports nerveux qui existent entre les deux yeux, finit par s'affaiblir à son tour et paraître pris aussi d'amaurose.

Je dois sincèrement avouer que cette guérison de Louis Bouriette produisit en moi une émotion profonde. Je vis dans ce premier fait la révélation de vérités que j'étais encore bien loin de soupçonner.

A partir de ce moment, je m'attachai d'une manière toute particulière aux malades, qui se rendaient par centaines, surtout les jours de fêtes renvoyées, comme la Fête-Dieu, devant les roches de Massabielle, pour y obtenir, au moyen de l'eau de la fontaine du sanctuaire, la guérison de maux réputés incurables.

Je vais citer, parmi les faits qui se sont offerts en grand nombre à mon observation, quelques-uns de ceux qui méritent le plus de fixer l'attention du lecteur.

XIII

Trois paralysies guéries par l'eau de la fontaine de Lourdes.

Un enfant de cinq à six ans, né de parents bien portants, habitant la campagne, fut atteint, sous l'influence d'une température froide et humide et d'une habitation insalubre, de douleurs lombaires intenses.

Cet état violent fut combattu par un médecin habile, qui, malgré tous les soins, ne put réussir à le faire cesser. Il ne fit que s'aggraver d'heure en heure. Après une durée de huit mois, malgré l'usage des eaux thermales de diverse nature, en bains, en douches sur la colonne vertébrale, et de l'eau ordinaire sous toutes formes, l'affection prit un caractère de chronicité bien prononcé. Le médecin dut déclarer que la moelle épinière était gravement atteinte dans ses parties inférieures. Il eut recours alors à des révulsifs énergiques sur les régions lombaires de la colonne vertébrale ; mais la maladie ne passa pas moins

de la période convulsive à la période de stupeur ;
les mouvements des membres inférieurs, qui
s'étaient assez bien conservés jusque-là, s'affaiblirent rapidement, et l'enfant se vit privé de
l'usage de ses membres pelviens.

Cette pauvre petite créature, dont la maladie
avait empiré d'une manière si terrible en si peu
de temps, devint pour ses parents une cause de
vives douleurs et de grand embarras.

Désolés de voir leur malheureux enfant sans
espoir du côté de la médecine, ils prirent le parti
de le porter à Lourdes, pour essayer sur lui l'eau
de la fontaine du sanctuaire.

Le jeudi 3 juin 1858, jour de la Fête-Dieu, au
moment où le père du petit malade le posait à
terre, se trouvaient, soit autour de la fontaine,
soit sur les rives de Massabielle, de trois à quatre
cents personnes atteintes de toutes sortes d'infirmités, demandant à la patronne de ces lieux la
guérison des maux dont la science humaine
n'avait pu les délivrer.

La vue de ce malheureux enfant, privé si jeune
de l'usage de ses membres pelviens, m'inspira
un très-vif intérêt. Après avoir appris de la
bouche du père tous les détails que je viens de
rapporter, je l'engageai à appeler son enfant et
à l'attirer à lui par de vives caresses. L'enfant
ne put bouger.

« Puisque vous êtes venu, lui fis-je observer, pour obtenir de la Sainte-Vierge une guérison que vous avez vainement demandée à la science humaine, prenez votre enfant, déshabillez-le et placez-le sous les tuyaux de la fontaine. Je vais vous aider à faire cette opération. Ne craignez pas que je fasse le moindre mal à votre fils. »

Je décidai ce père affligé à suivre mon conseil, en lui disant que j'étais médecin. Le petit malade fut alors déshabillé. Je le pris par les jambes, pendant que le père le tenait par les épaules, et tous deux, le plaçant sous les tuyaux de la fontaine, nous tournâmes et retournâmes son corps sous l'action de l'eau durant cinq à six minutes. L'enfant s'agita dans nos mains assez vivement après deux ou trois minutes de cette opération, que je crus devoir, malgré cela, faire durer quelques instants encore. Le petit malade, après qu'il eut été bien essuyé et habillé, fut mis par terre. Mais aussitôt il se leva de lui-même et se dirigea en marchant très-facilement vers son père et sa mère, qui le comblèrent des plus vives caresses, en répandant des larmes de joie.

Un grand nombre de personnes furent témoins de cette guérison importante et instantanée. Je rédigeai sur-le-champ l'observation concernant ce jeune enfant, et elle fut revêtue de la signature de plus de cent personnes présentes.

Ce fait a une portée d'autant plus sérieuse, qu'il répond à bien des accusations dirigées contre les premiers propagateurs des merveilles du sanctuaire de Lourdes.

On se plaisait à dire, pour discréditer ce sanctuaire vers lequel le monde religieux accourait, que les personnes soi-disant guéries par l'eau de Lourdes, de maladies réputées incurables, en imposaient et ne cherchaient qu'à favoriser les manœuvres des intéressés et à exploiter la crédulité publique.

Il est clair qu'un enfant de cinq ans, quelles qu'eussent été les instructions de ses parents ou d'autres personnes décidées à se servir de lui pour égarer l'opinion, n'aurait pas su accomplir avec une si complète habileté tout ce qui était nécessaire pour cela.

Si je ne craignais pas de fatiguer l'attention du lecteur, je pourrais citer d'autres faits de la même nature. Je veux du moins rapporter un autre cas de guérison encore plus remarquable que le précédent.

Un garçon de quinze ans, fils d'une pauvre famille d'une commune rurale du canton d'Orthez (Basses-Pyrénées), gisait dans son lit depuis fort longtemps, sans parole et sans mouvement. Il n'avait à son service, lorsqu'un besoin le tourmentait, qu'un cri pour se faire comprendre.

Il était devenu pour sa famille, obligée à un travail pénible pour se procurer le pain de chaque jour, un surcroît d'embarras.

Depuis quelques jours, les cris qui s'échappaient de sa poitrine devenaient plus nombreux et plus forts. Un voisin, qui était habitué à le voir souvent, dit au père : « Ton enfant t'adresse une prière très-pressante. Voudrait-il aller à Lourdes ? »

Cette question fut adressée au pauvre malade, qui répondit par un cri plus fort que tous ceux qu'il poussait ordinairement.

Le père convint alors avec son voisin que celui-ci, avec son break et son cheval, l'aiderait à porter son enfant aux grottes de Massabielle. Et le lendemain, au point du jour, les deux hommes s'acheminaient vers Lourdes avec le jeune malade, qui avait été placé sur un matelas.

Aussitôt arrivés dans la ville et dans l'auberge du sieur Dupas, sise rue Basse, ils se firent prêter un fauteuil, sur lequel ils placèrent le pauvre garçon, très-impatient de voir le sanctuaire de Marie. Ils l'y transportèrent en prenant toutes les précautions exigées par son piteux état. Quand ils furent devant la piscine, ils le déshabillèrent très-difficilement et le plongèrent dans l'eau. Quelques instants après, le malade, se levant brusquement, dit avec un vif élan de joie : « Je suis guéri ! » Et, en effet, il était délivré de toutes les infirmités qui l'avaient cloué dans son lit pendant plusieurs années.

Il s'habilla sans le secours de son père et arriva lestement dans son auberge, franchissant ce long espace sans la moindre fatigue.

Cet événement produisit autour du malade une émotion facile à concevoir. On venait de le voir entrer dans la chambre de la piscine réduit à l'état le plus déplorable; on l'en voyait sortir, après quelques minutes, rayonnant de santé.

Je me trouvais là dans ce moment, par un hasard providentiel. J'avais vu arriver le jeune garçon, porté sur un fauteuil par deux hommes. Son état de maigreur, sa pâleur extrême m'avaient porté à interroger le père, qui me donna les détails que je viens de faire connaître. Pendant qu'il était dans la piscine, je restai à ma place, absorbé par un vif sentiment de curiosité. Et bientôt je pus, avec la foule qui nous entourait, le voir plein de santé, de vie, d'agilité, et l'entendre répondre aux questions qu'on lui adressait de toutes parts.

Ai-je eu tort de dire que ce fait, encore mieux que le précédent, détruisait par la base les suppositions des adversaires de Lourdes, qui prétendaient qu'on y trompait sciemment la conscience publique et qu'on y exploitait la crédulité des personnes venues d'assez loin pour ne pas connaître les ressorts cachés de cette comédie?

Puisque j'ai été amené à parler de ces maladies de pulpes nerveuses, qui ont souvent des résultats si fâcheux et défient les ressources de l'art humain, je vais citer encore une guérison de paralytique obtenue au moyen de l'eau de la Grotte de Lourdes, dans un cas véritablement désespéré.

M. D..., âgé de quarante-six ans, d'un tempérament nervoso-sanguin, dans une bonne position de fortune, se nourrissant bien et se livrant activement aux travaux de l'esprit, fut pris plusieurs fois, dans l'espace de trois à quatre ans, de vives douleurs lombaires ; des applications de sangsues au fondement les faisaient toujours disparaître.

M. D... était sujet au flux hémorrhoïdal. Lorsque le sang ne venait pas mensuellement, il éprouvait des douleurs erratiques dans les membres pelviens et dans divers points de la colonne vertébrale, accompagnées souvent de suffocations. Il avait recours alors à des émissions sanguines pour les faire cesser.

Un jour, des accidents de cette nature se manifestèrent avec une grande intensité. Les douleurs lombaires n'avaient jamais été aussi vives. Elles s'étendirent, en suivant le trajet des nerfs, jusqu'au bout des doigts des deux pieds.

Le repos le plus absolu, l'abandon de tout travail intellectuel et un traitement bien approprié à la nature de l'affection furent imposés au malade.

Malgré tous les soins et les précautions prises, le mal poursuivit activement sa marche; et, après être passé par tous les accidents de la période convulsive de la myélite, M. D... tomba dans la période de la stupeur, pendant laquelle il perdit peu à peu l'usage de ses membres inférieurs. Arrivé à ce degré de faiblesse, il comprit qu'il allait être privé pour toujours de la faculté de se mouvoir. Il eut recours alors, sous la direction d'habiles médecins, aux traitements les plus énergiques, tant généraux que locaux.

La paralysie des membres inférieurs, bien loin de disparaître, ne fit que s'aggraver. Enfin, M. D... se vit tout à fait perclus de la moitié inférieure du corps et dans le plus pénible état de gêne, quant à la miction et à la défécation.

Il passa douze ans dans ce pitoyable état, ne quittant jamais son lit ou son fauteuil sans le secours d'autrui. Lorsqu'il voulait respirer l'air du dehors, il se faisait placer sur un chariot qu'il avait fait construire tout exprès. Il pouvait, traîné à bras, faire ainsi de longues promenades autour de ses propriétés.

Aussitôt qu'il eut appris, par la lecture des journaux, les merveilleuses cures opérées à Lourdes, il prit la résolution de s'y faire porter. Il arriva très-défait par la fatigue d'un assez long voyage. Mais, sans vouloir perdre un instant, il se fit plonger dans l'eau de la piscine. Il ressentit aussitôt de vives douleurs dans les parties paralysées. Ces douleurs se prolongeant, il demanda qu'on le retirât de l'eau, ce qui fut fait immédiatement. Dès que son corps eut été bien essuyé, bien frotté, il sentit, non sans un profond étonnement, que la vie était revenue dans ses membres inférieurs ; il les remua sans peine.

Depuis cet instant, il n'a cessé de s'en servir avec la plus entière facilité.

Dans cet ordre d'affections graves des pulpes nerveuses, il nous serait aisé de citer d'autres faits. Les trois qui viennent d'être racontés suffisent bien ; ils seraient difficiles à expliquer, si l'on ne pouvait avoir recours qu'à la science médicale.

Un état pathologique aussi grave que celui de M. D..., qui avait résisté à tous les traitements, devait être attribué à une des altérations de la moelle épinière, si bien étudiées par l'anatomie pathologique (*atrophie,* ou *ramollissement,* ou bien *induration* de cette pulpe nerveuse).

L'altération existante avait anéanti des fonctions importantes et les mouvements des membres pelviens. Pour les rétablir, il aurait fallu pouvoir ramener à leur état normal les parties de la moelle épinière, profondément altérées : c'est ce qui avait été inutilement tenté durant plusieurs années. Or, ce que la science humaine n'avait pu faire fut l'œuvre d'un instant, au sanctuaire de Lourdes.

Là, dut s'opérer rapidement dans la substance nerveuse une profonde transformation, qui lui permit de porter, avec l'influx nerveux rétabli, la vie et le mouvement dans les parties paralysées.

Le jeune enfant de cinq ans, qui trouva instantanément sa guérison aux grottes de Massabielle, sous l'action de l'eau de la fontaine, était atteint d'une lésion grave des parties inférieures de la moelle épinière ; d'où la perte de la motilité des membres inférieurs et l'état ataxique, contre lesquels la science médicale avait complétement échoué.

Le fait du jeune adolescent offrait encore une plus grande importance.

Il s'agissait ici d'une lésion profonde de la moelle épinière dans toutes les parties. Celles de l'axe cérébro-spinal, donnant naissance aux nerfs de la langue, et d'une partie de la face, étaient aussi vivement atteintes. Le mutisme de ce pauvre malade l'indiquait parfaitement. Cet état si grave, qui durait depuis plusieurs années, malgré d'énergiques traitements, n'était arrivé que peu à peu à ce degré d'intensité. On peut dire, sans crainte de se tromper, que ce jeune adolescent, qui ne pouvait plus compter sur les secours de la médecine, aurait péri misérablement et sous peu de temps, si l'idée de le conduire aux grottes de Lourdes n'avait germé dans la tête d'un charitable voisin et ami.

Sa guérison, si prompte et si complète, après son immersion dans la piscine du sanctuaire de Lourdes, jeta dans le plus profond étonnement tous ceux qui se trouvaient en cette circonstance devant les grottes ; on peut dire qu'elle ne serait aujourd'hui, pour eux, qu'un événement ordinaire, dans ces lieux de guérisons merveilleuses.

XIV

Antoinette Thardivail. — Sa guérison.

Parmi des faits qui se rattachent à d'autres ordres de maladie, je choisirai ceux qui me paraissent le plus propres à faire toucher du doigt le caractère surnaturel des guérisons obtenues par l'eau de la fontaine de Bernadette.

Mlle Antoinette Thardivail, de Lourdes, âgée de trente ans environ, d'un tempérament lymphatico-sanguin, fut atteinte d'un état congestif inflammatoire de toute la région épigastrique qui, par moments, acquérait un volume comparable à celui d'une tête d'enfant qui vient de naître. Elle était de plus douloureuse au toucher, et la malade se voyait obligée à des précautions infinies pour ne pas augmenter cet état pénible, soit par la pression des vêtements, soit par les heurts qu'elle pouvait y recevoir.

Cet engorgement des tissus épigastriques persista malgré tous les traitements employés pendant trois ans. Il finit par se transformer en

tumeurs grosses comme des œufs de poule, dures,
bien distinctes les unes des autres à leurs som-
mets, se confondant à leurs bases, qui paraissaient adhérer à la face antérieure de l'estomac.
Un vomissement très-opiniâtre se déclara à l'é-
poque de cette transformation de la maladie;
ce vomissement dura huit mois, et ne permettait
à l'estomac de recevoir que du bouillon de veau,
qui après une heure environ était rejeté en plus
ou moins grande quantité.

La malade s'affaiblit d'heure en heure et ne
put bientôt plus quitter son lit. Son extrême
maigreur lui donnait l'apparence d'un squelette.
Sa vie, profondément altérée, paraissait devoir
finir sous peu de jours. Effrayé des progrès du
mal, je me rendis auprès d'Antoinette afin d'essayer de lui communiquer un espoir que je ne
pouvais avoir moi-même.

Le samedi 25 décembre 1858, j'allai la visiter pour
soutenir son courage et celui de sa bonne famille,
désolée de la voir dans un état aussi fâcheux.

J'examinai avec soin la région épigastrique.
Les tumeurs qu'elle présentait étaient dures, douloureuses au simple toucher; elles formaient des
bosselures bien apparentes à l'œil nu.

La peau était littéralement collée sur les os. Le
visage offrait l'aspect d'une personne qui n'a que
très-peu de temps à vivre. Les yeux étaient caves,

le regard éteint, le pouls filiforme ; la respiration, difficile, anxieuse, indiquait qu'il n'y avait plus aucune force chez la malade. Je la quittai en lui serrant affectueusement la main et en cherchant à la rassurer encore sur un état qui pour moi était complétement désespéré. Je m'éloignai le cœur serré en me disant : « C'est pour la dernière fois que je la vois vivante. »

Je demeurai sous cette douloureuse impression pendant deux jours. Cependant, comme je ne reçus pas de ses nouvelles, je voulus m'assurer de son état, et je me rendis chez elle le lundi 27 décembre.

Quel fut mon étonnement en entrant dans sa chambre ! Je la trouvai levée, assise au coin de son feu, occupée à manger une aile de poulet, avec un appétit charmant. A peine revenu de ma surprise extrême, je la félicitai de mon mieux, pensant bien que la Sainte-Vierge avait opéré en sa faveur une de ces guérisons auxquelles nous commencions à nous habituer. Je la priai de me dire ce qu'elle avait fait pour obtenir cette faveur.

« Aussitôt, me répondit-elle, que vous m'eûtes quittée, je compris, malgré tous vos efforts pour me cacher vos impressions pénibles, que ma mort était très-prochaine. Alors, m'armant de tout mon courage et m'adressant à la bonne

Vierge du sanctuaire de Lourdes, j'implorai humblement son secours, lui disant que, guérie par elle, je deviendrais sa très-fidèle servante pour le reste de ma vie. Je bus de l'eau de la fontaine et m'en fis laver le creux de l'estomac. Quelques instants après, je sentis une nouvelle vie circuler dans mon corps ; toutes mes douleurs disparurent, mon vomissement cessa... Vous ne trouverez plus sur moi aucune des tumeurs que vous aviez si souvent examinées ; je ne suis plus malade ! La bonne Vierge de Bernadette est devenue pour moi une puissante mère ; elle m'a délivrée de toutes mes souffrances. Son culte a pris dans mon cœur la place que la douleur y occupait il y a à peine quelques heures. »

Après ce moment de douce reconnaissance, je demandai à Antoinette de me laisser voir la région épigastrique. Elle n'était plus douloureuse ; je ne trouvai nulle part vestige des tumeurs qui, le samedi, étaient si saillantes et si dures. La malade était réellement guérie. Son visage s'était épanoui ; les yeux avaient repris l'éclat de la jeunesse ; le pouls s'était relevé et battait régulièrement ; la respiration était facile, étendue, la parole forte, bien accentuée, la chaleur naturelle ; les fonctions digestives s'étaient bien rétablies ; puisque, depuis le moment du retour de sa santé, des aliments consistants avaient pu être pris et di-

gérés; les forces musculaires, complétement reve-
nues, permettaient à la ressuscitée de marcher
aussi bien qu'avant sa maladie.

Le mardi 28 décembre, Antoinette allait à pied
à l'église de la paroisse et, le 29, aux grottes de
Massabielle, pour remercier la Patronne de ces
lieux bénis des faveurs qu'elle avait daigné lui
accorder.

Mlle Antoinette Thardivail, depuis l'époque de
sa guérison, n'a plus été malade. Sa santé a
acquis un degré de résistance très-remarquable
et qu'elle n'avait pas avant cette cruelle et
terrible affection, dont elle a été débarrassée
miraculeusement par l'emploi de l'eau de la fontaine de Bernadette.

XV

Guérison de deux prêtres de Liége.

Dans le mois de juillet 1872, deux prêtres de Liége (Belgique) vinrent dans ma maison pour m'interroger au sujet des cures extraordinaires que l'eau de la fontaine de Massabielle opérait tous les jours.

J'entrai, pour leur être agréable, dans tous les détails. Après que je leur eus donné pleine satisfaction, ils me prièrent de vouloir m'occuper de leur santé, bien altérée. Puisqu'ils étaient venus dans la ville de la bonne dame de Bernadette, ils voulaient que le médecin, si bien placé pour étudier devant le sanctuaire de Lourdes les guérisons étonnantes qui s'y opéraient journellement, leur donnât des indications utiles, pour profiter eux aussi de ce merveilleux moyen de curation.

« Vous me voyez, me dit l'un d'eux, presque réduit à l'état de squelette, et pourtant je jouissais encore de la santé la plus florissante il y a quelques années. »

Entrant alors dans quelques détails sur sa vie, il me fit comprendre que des travaux auxquels il s'était livré avec trop d'ardeur avaient tellement altéré sa constitution et compromis sa vie, qu'il avait été forcé de résigner toute espèce de fonctions, pour ne pas succomber :

« Vous me voyez faible, pâle, d'une maigreur qui épouvante. Tout dérange ma pauvre machine. Je puis à peine marcher ; le plus petit bruit fatigue ma tête ; j'ai dû renoncer à tout travail intellectuel ; le sommeil, qui me serait nécessaire, fuit mes paupières ; par temps, l'anéantissement de mes forces est si grand, qu'il me semble que je vais trépasser. J'ai eu recours, pour arrêter le dépérissement qui me ruine, aux soins des médecins les plus renommés de l'Europe ; j'ai suivi exactement tous leurs conseils, exécuté toutes leurs prescriptions, et mon mal n'a fait qu'empirer ! Las des soins des hommes, je viens dans votre ville demander à la dame de Bernadette ma santé d'autrefois ! Serai-je assez heureux pour obtenir de sa bonté ce que je viens lui demander bien humblement, avec le désir ardent d'employer les forces qu'elle voudra me rendre à l'accomplissement de bonnes œuvres, à la propagation de la foi et de toutes les merveilles qu'elle ne cesse d'opérer dans ces lieux bénis ? »

J'écoutai ce prêtre si souffrant avec tout l'intérêt qu'il devait m'inspirer et je l'encourageai à poursuivre son projet.

« Je le réaliserai aujourd'hui même, poursuivit-il, à côté de mon ami, moins malade que moi, qui veut lui aussi avoir recours à la bonne Vierge, pour recouvrer une santé bien affaiblie depuis très-longtemps. »

Ces deux ecclésiastiques, le cœur plein d'espérance, s'acheminèrent vers les grottes de Massabielle.

Aussitôt arrivés devant le sanctuaire, ils s'agenouillèrent pieusement et se mirent en prières. Bientôt après, le plus malade des deux entra dans la piscine, se dépouilla de ses vêtements et se plongea dans l'eau. Il en sortit très-promptement dans un état de régénération complète.

Après s'être habillé et avoir remercié la Sainte-Vierge avec grande ferveur, il vint me revoir pour me faire part du bonheur qu'il éprouvait ; il fit ensuite connaître par dépêche télégraphique, à ses parents et à ses amis de Liége, les faveurs dont il avait été comblé devant le sanctuaire de Marie.

L'autre prêtre fut débarrassé aussi, dans l'espace de quatre jours, de toutes ses souffrances.

Tous les deux, avant de s'éloigner, voulurent me témoigner leur reconnaissance, pour mon accueil obligeant et pour les encouragements qu'ils avaient reçus de moi avant de se rendre aux roches de Massabielle.

Heureux du trésor qu'ils rapportaient de leur séjour dans la cité de Bernadette, ils voulaient mener avec eux, à Liége, le témoin vivant des stations de cette jeune fille de Massabielle et de toutes les merveilles qui s'étaient multipliées dans ces lieux de saint pèlerinage. Ils insistèrent vivement pour que je devinsse leur hôte, à Liége, dans le palais épiscopal, dont ils me feraient les honneurs avec un plaisir infini et où ils m'assuraient l'accueil le plus cordial d'un auguste prélat.

Je dus opposer à des propositions si bienveillantes le refus le plus poli, en faisant valoir les obligations impérieuses de la profession que j'exerçais.

Ces deux ecclésiastiques, dont l'un était fort riche, laissèrent dans notre ville des marques nombreuses de leur munificence.

Le récit de leur guérison représente ici un genre de maladie provenant de l'appauvrissement du sang et de l'affaiblissement considérable de l'innervation. Il suffit d'observer que le soulagement de ces deux malades et surtout du plus gravement atteint, dont le mal avait résisté au traitement des plus illustres médecins de l'Europe, fut l'œuvre de quelques minutes au sanctuaire de Lourdes.

XVI

Guérison instantanée d'un ulcère.— Conversion d'un juif.

En l'année 1870, une troupe d'artistes, qui s'était établie durant la saison des eaux dans une de nos villes thermales, ne voulut pas s'éloigner de ces contrées sans avoir exploré les sites délicieux et les vallées splendides de la chaîne des Pyrénées.

Parmi eux se trouvaient de vrais savants, heureux de chercher, après de longs et pénibles travaux, un agréable délassement dans ces courses lointaines qui offraient encore tant de sujets d'étude à leur curiosité. Ils voulurent, du reste, que rien ne pût gêner ni leur vue ni leurs mouvements dans ces excursions joyeuses et résolurent de voyager en vrais touristes. Chacun mit sur ses épaules son petit sac de voyage et arma sa main du long bâton ferré du montagnard.

Un beau matin d'automne, ils se mirent en route, tous gais et dispos, excepté un seul.

On distinguait en effet, parmi eux, un jeune

homme au visage pâle et empreint d'une tristesse profonde, à la démarche lente et pénible. Il portait en écharpe une de ses mains, recouverte d'un appareil qui cachait un mal profond.

Quand la bande joyeuse fut arrivée à Lourdes, l'un des touristes dit à ses compagnons : « Nous ne pouvons, malgré la tiédeur de notre foi, nous éloigner des lieux illustrés par les visions de Bernadette, sans les visiter et sans boire à la source de miracles. »

Cette proposition acceptée, il fut convenu qu'un repas champêtre serait servi près de la Grotte. Bientôt les gais convives se livraient à la joie qu'inspirent la bonne chère et le bon vin.

Seul, le pauvre malade, qui s'était attardé, ne pensait pas à se réjouir avec ses compagnons de voyage ; la souffrance l'accablait.

Arrivé devant le sanctuaire de la bonne Vierge, il s'arrêta tout d'un coup, comme si une force supérieure à sa volonté l'eût empêché d'aller plus loin. Il contemplait avec étonnement la place où la Vierge s'était montrée à Bernadette ; la statue en marbre blanc qui représentait la mystérieuse apparition ; les ex-voto, témoins nombreux et irrécusables de guérisons obtenues par des malades que la science humaine avait abandonnés ; l'eau de cette fontaine qui avait jailli de terre sous la main de Bernadette.

A ce spectacle, une inspiration soudaine s'empara de lui; il ne put fléchir le genou devant tant de merveilles, qu'il ne pouvait encore comprendre; mais, pressé par une voix intérieure qui lui criait : « Va boire à la fontaine des miracles et laves-y ta main malade », il obéit à cet ordre secret. Il boit à la source bienfaisante, il y plonge sa main, débarrassée de tout appareil.

« O reine de Bernadette! dit-il bientôt après avec un suprême étonnement, soyez bénie! » Ses douleurs se sont calmées; l'ulcère affreux qui dévorait le dessus de sa main a disparu instantanément, remplacé par une cicatrice parfaitement fermée.

Cet homme ne pouvait revenir de sa surprise. Il ne pouvait détacher ses regards de cette main, guérie en un instant d'un mal horrible par l'eau de la fontaine de Bernadette.

Il se mit à genoux devant la source, les mains jointes, lui adressant du fond de son cœur d'humbles remerciements, l'appelant, dans son langage d'artiste, la bonne naïade de ces lieux.

Il resta très-longtemps dans cette attitude. Une personne, qui se trouvait assez près, le regardait avec attention; elle finit par s'approcher et lui demanda ce qui lui était arrivé d'heureux.

Le pauvre artiste, tout ému, raconta son histoire, et montra ensuite à son interlocuteur ses camarades de voyage qui se livraient non loin de là à d'abondantes libations.

« Je suis juif, ajouta-t-il ; je vais revenir à Paris, où je me ferai instruire des enseignements de la religion catholique, et j'espère employer le reste de mes jours à servir Dieu comme prêtre de cette religion divine. »

Les deux interlocuteurs s'acheminèrent ensuite vers le groupe d'artistes qui attendaient fort tranquillement leur camarade attardé.

En le voyant arriver lentement, ils se levèrent tous à la fois, le verre en main, burent à la santé de leur ami malade.

« Non, non, leur dit-il aussitôt en leur montrant joyeusement sa main, buvez à sa santé complétement rétablie par l'eau de la fontaine de Bernadette! »

La surprise des convives fut extrême : ils n'en pouvaient croire leurs yeux.

Le miracle était évident pour eux. Une simple lotion avait en un instant détruit ce mal affreux, qui résistait à tous les traitements de la science humaine.

Profondément émus, ils se dirigèrent vers la source, qui pour eux comme pour leur ami était bien la *Source des miracles*. Ils y burent plusieurs fois ; puis, s'agenouillant devant l'image de Marie, ils l'honorèrent et la remercièrent humblement du bien qu'elle avait daigné faire à leur bon camarade.

Nous recommandons à la science athée cette action exercée par l'eau de la fontaine de Lourdes contre un ulcère profond, manifestation extérieure d'une affection diathésique qui avait résisté aux moyens curatifs employés par les plus habiles médecins. Les âmes pieuses admireront dans ce fait une grâce encore plus admirable de la divine Providence : la conversion sincère d'un juif, devenu catholique.

XVII

Loupe guérie par l'eau de la fontaine.

Pendant le mois de juillet de cette année 1870, quelques jeunes étrangers quittaient souvent les stations thermales où ils se trouvaient momentanément réunis, pour faire des excursions à cheval sur divers points de la chaîne des Pyrénées.

Ils étaient un jour dans un hôtel de la ville de Lourdes à fêter le saint du moment, en francs étourdis peu embarrassés de croyances et de pratiques religieuses, riant des prétendus miracles du sanctuaire de Massabielle, les traitant de niaiseries indignes de l'attention des gens sensés.

L'un de ces jeunes voyageurs était affligé d'une loupe grosse comme un œuf de poule, siégeant à la face palmaire de l'avant-bras droit, près de son articulation avec la main, dont elle gênait les mouvements.

Quoiqu'ils connussent bien le cas de leur compagnon de voyage, ces jeunes gens ne voulurent pas l'accompagner aux lieux des apparitions de la Sainte-Vierge à Bernadette. Ils se moquaient des instances qu'il leur adressait, n'ayant aucune envie, disaient-ils, de perdre leur temps en courses infructueuses pour leur curiosité et leur instruction.

Leur ami fut donc obligé de se séparer d'eux pour visiter le sanctuaire de Marie et faire sur lui-même l'essai de l'eau de cette fontaine, dont on lui avait vanté les propriétés curatives.

Arrivé devant la grille des grottes, il se mit à genoux et en prières en face de la statue de la Vierge, sur les pierres mêmes où Bernadette avait souvent récité son chapelet.

Il fut pris d'une émotion profonde; les prières que sa mère lui avait apprises dans son enfance revinrent l'une après l'autre à sa mémoire. Élevant alors ses regards attendris vers l'image de Marie, il lui dit : « Je suis toujours cet enfant qui apprit d'une mère chrétienne à vous aimer et à vous honorer; je viens, humblement prosterné à vos pieds, vous demander de m'être secourable. Le bien que vous daignerez me faire, dans ce lieu de miracles, contribuera puissamment à propager votre culte et peut-être aussi à ramener mes amis vers vous. »

Se levant aussitôt, il se dirigea vers la source

des guérisons et plaça son avant-bras droit sous une des tuyères de la fontaine.

La loupe disparut insensiblement, sous la douce pression de l'eau, tandis que le jeune homme suivait dans le plus grand étonnement ce mouvement de décroissance rapide de la tumeur qui l'affligeait depuis si longtemps.

Quand il la vit entièrement disparue, il se mit de nouveau à genoux devant l'image de sa bienfaitrice, et la remercia très-humblement, lui promettant du fond du cœur de l'honorer et de la servir toujours avec fidélité.

Ses prières terminées, il se rendit très-promptement à l'hôtel, où ses amis étaient toujours en fête. Ils l'accueillirent en le raillant de les avoir quittés pour aller voir peut-être les niaiseries du sanctuaire de Lourdes.

« Niaiseries ! Non, non, leur dit-il. Regardez mon bras droit ; voyez s'il y reste trace de la tumeur que vous connaissiez tous. Croyez-moi, cessez de rire et tous ensemble allons remercier la bonne Vierge du bien qu'elle m'a fait. »

Émerveillée de cette guérison si rapide, la troupe entière se rendit aussitôt devant le sanctuaire de la bonne Vierge, pour la remercier et l'honorer.

On me permettra d'appeler l'attention des juges compétents sur la destruction de la loupe de ce jeune touriste, par une simple lotion de l'eau de Lourdes.

Je pourrais fournir d'autres exemples de produits morbides accidentels apparents, et qui, sans le secours de la chirurgie, ont disparu devant le sanctuaire de Marie et sous l'action de l'eau de sa fontaine.

XVIII

Myopie détruite par l'eau de la fontaine de la Grotte.

Voici un cas de guérison non moins propre à étonner bien des gens, et en particulier les médecins, qui n'admettent pas facilement les faits miraculeux.

Il m'a été raconté par M. le docteur Roques, de Toulouse, dont je reproduis le récit aussi exactement que possible :

« Mon grand-père était myope. Mon père, qui vit encore, est myope. Je suis myope. Mon fils est myope. Ma fille était myope; elle ne l'est plus actuellement. Vous voyez qu'il y a chez tous les membres de ma famille un état particulier de la vision qui constitue un cas d'hérédité bien déterminé.

» Quand il fut question d'achever l'éducation de ma fille, Mme Roques voulut lui faire donner des leçons de solfége et de piano. Je m'y opposai, parce que la faible portée de sa vue ne lui permettait pas de se livrer sans inconvénient à des études qui exigent beaucoup de persévérance et de travail. Mes observations eurent peu d'effet sur l'esprit de Mme Roques, qui voulait absolument que sa fille devînt musicienne, et surtout habile pianiste.

» Un professeur de musique fut appelé. Il s'occupa activement pendant plus d'un mois de cette besogne, je vous l'assure, fort difficile. Il comprit enfin que la vue de ma fille ne lui permettait pas de continuer les études qu'elle avait commencées. Et les leçons furent supprimées.

» Une ophthalmie intense des deux yeux survint à cette époque. Un traitement actif, institué par moi, ne put faire cesser entièrement l'inflammation. Mme Roques, inquiète de voir sa fille dans un tel état, se décida à la conduire à Lourdes, pour qu'elle y fît usage de l'eau de la fontaine de Bernadette.

» Cette eau, employée en lotions pendant quelques jours, fit disparaître non-seulement l'ophthalmie, mais la myopie elle-même.

» Ma fille en fut tellement surprise, qu'elle n'osait d'abord le dire à sa mère ; elle craignait de se tromper, en lui faisant connaître un fait de cette importance. Cependant, rassurée par cette facilité toute nouvelle d'apercevoir distinctement des objets éloignés, elle s'en ouvrit enfin à Mme Roques.

» Dès son arrivée à Toulouse, elle n'eut rien de plus pressé que de me révéler les changements survenus dans sa vue. Étonné d'une si étrange déclaration, je ne l'acceptai pas d'abord comme l'expression de la vérité. Je soumis la vue de ma fille à toutes les expériences nécessaires pour constater la certitude d'un fait si étonnant et ne pas laisser dans l'esprit d'un médecin le plus petit doute.

» Après ces épreuves, je fus forcé de reconnaître que l'eau de la fontaine de Lourdes, tout en faisant cesser une ophthalmie rebelle, avait détruit la myopie. »

Dans les premiers jours de mars 1874, M. Roques fils a fait à M. Saint-Georges Mivart, professeur d'anatomie comparée à l'hôpital Sainte-Marie de Londres, sur la disparition de la myopie de sa sœur, les mêmes déclarations que M. Roques père m'a faites à moi-même, il y a sept à huit mois.

Au point de vue de la discussion scientifique des guérisons opérées à Lourdes, j'ose mettre ce cas au-dessus de tous les effets extraordinaires produits par l'eau de la fontaine de Bernadette.

Il s'agit d'un vice organique de la vue propre à une famille, héréditaire dans cette famille. Les déclarations de M. Roques père nous en attestent la transmission de père en fils, sans exception aucune, même après alliance avec des familles qui en sont exemptes. Nous sommes en présence de trois générations vivantes, qui offrent ce vice à un haut degré. Aucun des membres de la famille n'en a jamais été débarrassé jusqu'à Mlle Roques. Mais cette jeune fille de quinze à seize ans a trouvé dans l'eau de la Grotte de Lourdes un remède efficace contre une ophthalmie inutilement traitée par son père; et, ce qu'il y a de plus étrange, c'est qu'avec l'affection inflammatoire de l'œil guérie rapidement par de simples lotions, la myopie elle-même a disparu.

Il a fallu, pour obtenir ce résultat si important, que les yeux de Mlle Roques fussent entièrement refaits; je dis *refaits*, car, dans l'état de myopie, il y a une disposition particulière de ces organes qui donne une vue très-courte. C'est une conformation qui ne permet pas aux rayons lumineux de parvenir régulièrement au fond de l'œil, sur la rétine, pour que la perception des objets se fasse d'une manière nette. Personne n'ignore que l'œil du myope est en général fort étendu, d'avant en arrière, et offre dans les diverses parties qui le composent ou trop de densité, d'abondance (humeurs), ou trop de convexité (cornée transparente, cristallin).

Cet état défectueux de l'œil, rendant la réfraction de la lumière trop forte, produit le vice de la vue propre aux myopes. On a recours aux verres concaves pour obvier autant que possible aux inconvénients graves de cette vue, et souvent, malgré ce secours, le myope n'arrive pas à rectifier les fonctions de l'organe vicié. C'était le cas de Mlle Roques.

Eh bien ! cette myopie si prononcée, cette myopie héréditaire contre laquelle la science n'avait aucun pouvoir, a disparu sous l'action de simples lotions faites sur les yeux, durant quelques jours, avec l'eau de la fontaine de Bernadette. Les organes de la vision ont donc été entièrement modifiés dans leur organisation primitive.

Un fait si extraordinaire sera difficilement accepté par un grand nombre de personnes. Mais il me semble que je leur ai fourni tous les moyens d'arriver sur ce point à la certitude la plus absolue.

XIX

Pèlerinage du Médoc. — Femme guérie : mouvements rendus à l'articulation du coude droit.

Dans le mois d'août 1872, les habitants des diverses contrées du Médoc organisèrent vers Lourdes un pèlerinage important. Parmi les pieux voyageurs se trouvait une femme privée depuis trois ans de l'usage de l'avant-bras droit, par suite d'une chute violente qui avait fracassé les extrémités des os du coude.

Cette femme, qui fut très-longtemps malade, se rétablit fort difficilement. Des soins persistants lui furent donnés ; des appareils bien faits furent appliqués avec une attention toute particulière sur les os fracturés. Enfin, après plusieurs mois, la consolidation de ces os parut aux hommes de l'art suffisamment établie, pour qu'ils jugeassent opportun de débarrasser le coude droit.

Cet accident avait eu des résultats très-fâcheux.

Les os formant cette articulation ne permettaient plus le moindre mouvement, et le bras droit, depuis l'épaule jusqu'au poignet, était comme d'une seule pièce, toujours pendant le long du corps. Les mouvements de flexion et d'extension propres à l'articulation du coude étaient entièrement détruits, ainsi que les mouvements de pronation et de supination de l'avant-bras; l'ankilose avait résisté à tous les moyens curatifs.

La pauvre femme, convaincue qu'elle devait garder toute sa vie son infirmité, se résigna à la supporter patiemment.

Telles étaient ses dispositions, lorsque l'organisation du grand pèlerinage du Médoc fit rentrer l'espoir dans son âme.

Le 6 août 1872, ce pèlerinage la conduisait devant la fontaine. Elle demanda à quelques personnes de sa connaissance de l'aider à ôter les manches qui recouvraient le bras droit. Ce travail terminé, les mêmes personnes lavèrent ce bras avec l'eau de la source de Bernadette. Bientôt après, la main et l'avant-bras eurent des mouvements convulsifs vers le front. L'ankilose du coude avait disparu. Aussitôt que la main fut arrivée à la hauteur du front, elle commença le signe de la Croix et le termina en exécutant à merveille les quatre mouvements qui le constituent.

Dès ce moment, l'avant-bras droit, ayant repris tous les mouvements qui lui sont propres, n'éprouva plus dans son jeu la moindre gêne, le moindre embarras.

Ce fait se produisit sous les yeux d'un grand nombre de pèlerins et causa une vive émotion. Un des témoins, jeune homme de Cognac, qui se trouvait tout près de la femme guérie si extraordinairement, raconta bientôt tous les détails de ce fait merveilleux, au milieu d'une foule enthousiaste, à Mᵍʳ Pichenot, alors évêque de Tarbes, aujourd'hui archevêque de Nice, à M. Henri Lasserre et à moi.

« J'ai pris part à ce pèlerinage, nous dit-il, pour voir les Pyrénées et pour accompagner ma sœur et une jeune femme, qui voulaient visiter pieusement le sanctuaire de Lourdes. Je suis parti de Cognac, sans partager les pieux sentiments de ma famille. J'étais même, je dois humblement l'avouer, complétement incrédule avant mon départ : je reviens parfait croyant, entièrement converti par la guérison extraordinaire dont je viens d'être témoin. »

Et, nous montrant la femme dont je viens de parler, il ajouta : « Je la connaissais parfaitement avant son arrivée ici. Je savais l'accident qui lui était arrivé et qui l'avait privée de tous les mouvements de l'articulation du coude et de l'avant-bras droit. Or, j'ai vu, et bien vu, ces mouvements reparaître aussitôt que l'eau de la fontaine de Bernadette a été répandue sur ce membre impotent. J'ai vu, je puis le dire, s'opérer sous mes yeux, avec une rapidité surprenante, une guérison que cette femme avait inutilement demandée à la science du médecin. Oh ! oui, je reviens dans mon pays, heureux de ce que j'ai vu, heureux d'avoir ouvert mon esprit aux croyances religieuses, qui n'avaient pu y pénétrer encore, heureux de la joie qu'éprouve ma famille de me voir partager ses sentiments chrétiens. »

M⁅r Pichenot et M. Henri Lasserre me demandèrent alors de vouloir bien examiner le coude droit de la femme guérie.

Je le fis avec soin.

Les os formant l'articulation huméro-cubitale avaient acquis un volume énorme. L'apophyse olécrane du cubitus portait des traces d'une fracture qui s'était produite vers sa base. L'humérus, au-dessus de sa grande cavité olécranienne, offrait des vestiges d'une fracture en travers. Les téguments entourant cette articulation présentaient de larges cicatrices, qui indiquaient qu'autour d'elles et dans l'intérieur des parties qu'elles recouvraient, avaient existé une inflammation intense et une abondante suppuration.

Cet état grave, qui probablement s'était maintenu fort longtemps, avait amené l'hypertrophie des extrémités de l'humérus et du cubitus, formant l'articulation du coude, et par suite la perte des mouvements propres à cette articulation et aussi des mouvements du radius, qui, à cause du dérangement des rapports de sa tête avec la petite tête de l'humérus et avec la petite cavité sigmoïde du cubitus, ne pouvait plus tourner pour la production des deux mouvements de pronation et de supination de l'avant-bras.

Ce fait si grave avait donné lieu à une espèce d'ankilose que la chirurgie n'avait pu détruire, et que quelques lotions faites sur le coude et l'avant-bras avec l'eau de la fontaine de Bernadette avaient fait disparaître en un instant.

Les quatre mouvements articulaires, la flexion, l'extension, la pronation, la supination de l'avant-bras droit, s'exécutaient avec facilité. Ils furent plusieurs fois répétés sous les yeux de bien des personnes présentes.

Voilà le fait ainsi que nous l'avons recueilli au moment même. Il a une importance et une signification qu'il serait bien difficile de contester.

XX

Sœur Sophie, des Sœurs de la Charité de Besançon. — Guérison instantanée d'un hoquet violent.

Une religieuse de l'ordre des Sœurs de la Charité de Besançon s'était rendue à Lourdes avec une de ses compagnes. Elles étaient descendues au couvent des Sœurs de l'Immaculée-Conception, à une très-petite distance des grottes de Massabielle.

Elles avaient trouvé une bienveillante hospitalité dans cette maison, établie surtout pour permettre aux femmes pieuses de s'isoler du monde, afin de se livrer sans contrainte à la prière et aux exercices religieux.

Au moment où les deux saintes filles se dirigeaient vers le sanctuaire de la Vierge de Lourdes, je me trouvais sur une des galeries du bel établissement des Sœurs de l'Immaculée-Conception, occupé à donner des soins à une dame américaine qui venait de tomber malade.

Une Sœur qui m'aidait me dit alors : « Vous ne faites pas attention, monsieur le docteur, aux allures étranges de cette Sœur qui s'éloigne de nous. Regardez-la : entendez ses *aboiements*. Voyez, pendant qu'ils se produisent, les soubresauts de tout son corps. »

Aussitôt je suivis du regard cette malade, et je la vis s'éloigner lentement de nous, dans l'état qu'on venait de me décrire.

Le lendemain, je me trouvais encore dans le même établissement, pour continuer mes soins à la dame américaine. Je demandai à la Sœur qui m'assistait si la religieuse de Besançon était dans la maison.

« Oui, me répondit l'infirmière de l'Américaine, et bien guérie. — Je serais enchanté de la voir et d'obtenir d'elle des détails précis sur la maladie qui l'a conduite vers le sanctuaire de la Vierge. »

Je me rendis au salon du couvent, où les deux Sœurs de Charité de Besançon eurent la complaisance de venir pour satisfaire ma curiosité.

Voici comment me parla celle qui avait été guérie :

« Je m'appelle sœur Sophie, née Pélagie Guilhaume, et j'appartiens à l'ordre des Sœurs de la Charité de Besançon.

» Je suis entrée dans cet ordre il y a trois ans,

contre le gré de ma famille; ma santé était alors excellente.

» Quelque temps après, à la suite d'une émotion vive, la menstruation s'arrêta. Des douleurs de tête et des maux d'estomac survinrent aussitôt. L'appétit devint très-faible. Après un traitement convenable, la menstruation se rétablit; les souffrances que j'éprouvais disparurent et l'appétit revint complétement. Ma santé fut dès lors parfaite.

» Quelques mois après, à la suite de fortes coliques et d'une vive frayeur, il se déclara un grand malaise général, qui dura vingt-quatre heures; un hoquet d'une violence extraordinaire se produisit, donnant lieu à de grandes émissions de voix, ressemblant aux aboiements d'un gros chien.

» Les secousses imprimées à mon corps par ce hoquet étaient excessivement fortes; chacune d'elles lui occasionnait un tel mouvement, que je me sentais soulevée avec violence, et ce hoquet se reproduisait à chaque inspiration.

» Cette affection étrange avec des maux de tête et d'estomac, la gêne de la respiration, la perte de l'appétit et la difficulté d'avaler une nourriture quelconque, qui l'accompagnaient, résistèrent à tous les traitements qui furent employés par les médecins.

» L'ingurgitation des aliments, et surtout des liquides, donnait lieu à un bruit de *glou glou* qui se répétait pendant un certain temps, avant que les aliments ne parvinssent dans l'estomac ; et ils n'y arrivaient jamais qu'après être successivement descendus et montés plusieurs fois dans l'œsophage.

» Cet état si douloureux et si persistant détermina la Supérieure de l'Ordre à m'envoyer à Lourdes, dans l'espoir que la Sainte-Vierge me débarrasserait des maux qui m'accablaient depuis trois mois.

» Vous avez vu ma triste position avant de me rendre aux grottes de Massabielle ; vous la voyez maintenant tout à fait différente. Je dois ce changement à l'eau de la fontaine de Bernadette. L'immersion de mon corps dans la piscine a suffi pour me délivrer de toutes mes souffrances, dans l'espace de quelques minutes. Aussitôt que je fus dans ce bain si salutaire, je sentis que j'allais être guérie ; et, en effet, mon hoquet disparut bien vite, et tous les autres accidents qui l'accompagnaient ne tardèrent pas à s'en aller. Je suis rentrée dans la maison des bonnes Sœurs de l'Immaculée-Conception, une heure après en être sortie, entièrement délivrée de toutes mes souffrances. J'ai dormi la nuit dernière paisiblement, sans éprouver le plus petit malaise ; mon appétit a reparu ; aucun des embarras attachés à la déglutition des aliments n'existe plus ; et ma première digestion, après ma guérison, s'est faite sans difficulté.

» Que Dieu soit mille fois béni ! Que la bonne Vierge du sanctuaire de Lourdes, qui m'a placée sous sa sainte protection, soit toujours pour sa pauvre servante la lumière qui éclaire ma voie dans ce monde, afin que je puisse un jour la contempler dans l'autre ! »

C'est ainsi que la bonne religieuse cherchait à épancher en ma présence tous les sentiments qui remplissaient son cœur.

Elle quitta les lieux où elle avait été si rapidement guérie en leur disant au revoir, heureuse de pouvoir se retrouver, au milieu de ses douces compagnes, en état de poursuivre son œuvre de dévouement et de remplir assidûment tous ses devoirs de Sœur de Charité.

Le hoquet persistant dont elle a été guérie constituait une grave maladie, produite par des désordres menstruels et par de fortes commotions nerveuses. Sa durée, sa violence extrême avaient porté une atteinte considérable à plusieurs fonctions importantes de l'organisme. La santé de sœur Sophie, déjà si profondément altérée quand elle arriva à Lourdes, aurait été bien vite entièrement compromise, si la marche du mal n'avait été arrêtée par un merveilleux moyen de guérison, qui profite à tant d'autres malades abandonnés par la science des médecins.

La sœur Sophie, guérie instantanément le 12 octobre 1873, continue à se bien porter. Elle fait une classe dans un des établissements de l'ordre des Sœurs de la Charité de Besançon. Rien en elle ne fait plus songer à la terrible affection qui durant trois mois avait compromis sa vie.

M. le docteur César Dumas, de Cette, qui avait vu la malade quand elle se rendait à Lourdes, et qui l'a revue à son retour, a attesté la guérison parfaite de cette religieuse.

XXI

Marie-Louise Delpon. — Paralysie. — Attestation du professeur Chrestien.

Après avoir fait connaître ces quelques faits, pris, ainsi que je l'ai dit plus haut, parmi un très-grand nombre d'événements semblables qu'il m'a été permis d'observer, je crois devoir y ajouter divers récits consignés dans les *Annales de Notre-Dame de Lourdes*, et revêtus de l'attestation de médecins instruits et d'une honorabilité parfaite.

Ces faits, non moins remarquables que les précédents, présenteront à ceux qui voudront en faire une étude sérieuse des caractères particuliers, qui les distinguent parfaitement des cas de guérisons que la science humaine enregistre tous les jours.

J'ai déjà fait observer la gravité des diverses maladies provenant de l'altération des pulpes nerveuses, et qui ont souvent pour suite des paralysies d'une ou de plusieurs parties du corps, mettant les personnes qui en sont atteintes dans l'impossibilité de vaquer à leurs occupations ordinaires, les plaçant presque toujours sous la dépendance absolue des gens qui les entourent.

Ces affections redoutables, que la science du médecin est dans la plupart des cas impuissante à arrêter dans leur marche, et surtout dans leurs effets consécutifs, ont trouvé bien souvent dans l'eau du sanctuaire de Lourdes un moyen de guérison.

Ainsi, le docteur Chrestien, de Montpellier, professeur agrégé près la Faculté de médecine de cette ville, médecin fort instruit, praticien très-expérimenté et entouré d'une haute considération, a publié dans l'*Union nationale*, de Montpellier, du 8 août 1872, une guérison qui mérite sous bien des rapports d'être citée ici :

« Dieu peut-il déroger aux lois qu'il a établies » et faire des miracles? » Cette question, que Jean-Jacques Rousseau a posée dans sa *Lettre III écrite de la Montagne,* serait impie, dit-il, si elle n'était absurde; ce serait faire trop d'honneur à celui qui la résoudrait négativement que de le punir; il suffirait de l'enfermer. Mais aussi, ajoute-t-il, quel homme a jamais nié que Dieu pût faire des miracles?...

» Sans autre préambule, je vais donc raconter le fait suivant :

» Appelé à Clermont-l'Hérault, dans les pre-

miers jours d'avril dernier, pour une demoiselle
de quatorze à quinze ans qui, d'abord atteinte
d'une simple fièvre catarrhale, avait bientôt vu
celle-ci se compliquer d'un état périodique exi-
geant l'administration du sulfate de quinine, je
constatai, avec le docteur Revel, de Clermont-l'Hérault, médecin ordinaire de la malade, différents
symptômes faisant craindre des congestions sanguines, tantôt au cœur et tantôt au cerveau. Des
applications de sangsues et l'onguent napolitain,
à haute dose, sans parler de plusieurs vésicatoires en différentes régions et même sur le cuir
chevelu, conjurèrent ces différents orages; mais
l'état général de la malade continua à nous
donner de vives inquiétudes. Son alimentation
était, en effet, très-difficile, et ses bizarreries de
caractère étaient désolantes. Après s'être complue
d'abord à rester au couvent où elle était tombée
malade, elle exigea impérieusement qu'on la
transportât chez ses parents, ce qui ne put avoir
lieu qu'à l'aide d'un canapé garni de rideaux et
porté à bras par quatre hommes.

» Le 19 mai, une dépêche télégraphique me
fut envoyée pour que je me rendisse de suite à
Clermont avec un second consultant. Le docteur
Vaille vint donc avec moi ; et, tout en reconnaissant la gravité du cas, il l'attribua en grande
partie à la ménorrhée qui était survenue.

» Nous convînmes donc, tous les trois, que des vésicatoires seraient appliqués aux cuisses et qu'on tâcherait de soutenir les forces de la malade à l'aide de bouillons, de gelées et autres moyens nutritifs qui étaient déjà mis en usage.

» Mais le cerveau s'alourdit de plus en plus, quoique l'intelligence restât saine : la tête, en effet, ne pouvait pas se soulever sans un secours étranger; les paupières, toujours baissées, n'étaient plus des voiles suffisants pour que la lumière ne fût pas incommode, et la malade se fit mettre une bandelette de linge fin sur les yeux.

» Plus tard, les doigts se rétractèrent dans la paume des mains, et nous constatâmes que la cécité était due à une pareille contracture des muscles élévateurs du globe de l'œil, qui, n'étant plus au centre de l'orbite, ne recevait plus les rayons lumineux.

» Enfin survint la paralysie des extrémités inférieures, et les jours de la malade étaient de plus en plus compromis.

» Elle demanda à aller à Notre-Dame de Lourdes. Vainement lui objectâmes-nous les difficultés du voyage; le 4 juillet, je fus appelé pour les lui faire comprendre, et j'eus le bonheur de la faire consentir à se laisser transporter à une chapelle dite Notre-Dame du Peyrou, à deux kilomètres de Clermont, lui faisant observer que la Sainte-Vierge l'y exaucerait tout aussi bien.

» Or, le soir même, la mère de la malade m'écrivit que, transportée à Notre-Dame du Peyrou, sa fille avait demandé qu'on lui mouillât les yeux avec de l'eau de Lourdes, dont on s'était muni, et que soudain elle avait recouvré la vue. Introduite dans la chapelle, la malade se fit lotionner les jambes avec la même eau, et aussitôt ses jambes purent se mouvoir. Elle entendit la messe que dit pour elle un prêtre venu tout exprès de Clermont, et, à sa grande surprise, il la vit venir à la sainte table recevoir la communion.

» Inutile de dire qu'au lieu de retourner à Clermont étendue sur les coussins de l'omnibus qui l'y avait conduite, elle put s'y asseoir comme les autres personnes qui l'avaient accompagnée.

» Arrivée chez elle, elle alla à la rencontre de son père qui, m'ayant conduit au chemin de fer, le matin, n'avait pu être témoin du pèlerinage à Notre-Dame du Peyrou.

» Malheureusement, à part la vue, qui fut définitivement recouvrée, les autres améliorations ne furent que provisoires. Il se joignit même un nouveau symptôme d'affection cérébrale, car la bouche se dévia d'une manière progressive et notable, les idées s'affaiblirent de plus en plus et furent remplacées par une idée fixe ainsi formulée : ..

» Je veux aller à Lourdes.

» Malgré toutes les difficultés que présentait ce voyage pour une grande fille de quatorze à quinze ans qu'il fallait porter à bras, il fut entrepris le 23 juillet.

» A peine arrivée à Lourdes, la malade voulut être portée à la Grotte ; et là, en présence de soixante ou soixante-dix personnes qui s'apitoyaient sur son état, elle se fit lotionner les mains, qui se rouvrirent aussitôt. De pareilles lotions firent cesser immédiatement la contorsion de la bouche, et son immersion dans la piscine donna une telle souplesse à ses extrémités inférieures, qu'après une courte prière, elle put monter les vingt-deux marches qui conduisent à la chapelle, où elle entendit la sainte messe. Elle déjeuna ensuite comme si son estomac avait toujours bien fonctionné, et, le soir, elle se trempa de nouveau tout entière dans la piscine et gravit encore les vingt-deux marches. Le lendemain, après une bonne nuit, elle put aller à l'église faire sa communion, et elle se trempa, pour la troisième fois, dans la piscine, par pure reconnaissance.

» Heureuse et contente, elle voulut revenir à Clermont dans un wagon de seconde classe, pour

prouver qu'elle n'avait plus besoin de ménage-
ment; arrivée le 25 par le train de quatre heures
du soir, elle fut l'objet de l'admiration de tous
ceux qui l'avaient vue partir si souffrante et si
malade.

» Pourquoi n'attesterais-je donc pas cette guérison miraculeuse et ne braverais-je pas les
facéties de certains esprits forts ou esprits
faibles?

> » Fais ce que dois,
> » Advienne que pourra.

> » CHRESTIEN,
> » Professeur agrégé de la Faculté de médecine.

» Montpellier, 3 août 1872. »

Dans le cas décrit par l'honorable M. Chrestien,
l'affection avait enrayé tout l'arbre cérébro-spinal : la perte de la vue, la paralysie des extrémités inférieures l'indiquent parfaitement. La
science n'avait pu ralentir les progrès de cette
terrible maladie. Il n'a fallu, pour la faire disparaître entièrement et subitement, que l'immersion du corps de Mlle Delpon dans l'eau de la
piscine de Lourdes.

Le docteur Chrestien, en présence d'une guérison aussi rapide et aussi surprenante, n'avait
donc qu'à en reconnaître franchement le véritable

caractère. Il a eu le courage de s'expliquer dans ce sens, en bravant l'opinion de gens qui se disent esprits forts, et qui ne sont pour lui qu'esprits faibles.

XXII

Léonie Chartron, de Lormes (Nièvre). — Mal vertébral de Pott.

Voici la relation de la personne guérie, telle que les *Annales de Lourdes* l'ont publiée en mai 1872 :

« Lormes, 18 novembre 1871.

» Mon Révérend Père,

» Il est honorable, nous dit l'Esprit-Saint, il est également doux et bon de manifester les œuvres de Dieu. Les *Annales de Notre-Dame de Lourdes* nous en fournissent des preuves nombreuses et bien intéressantes.

» Moi aussi, devenue l'objet d'une de ces faveurs signalées du ciel, j'avais tout d'abord résolu de payer ma dette de reconnaissance en vous envoyant le récit de ma guérison miraculeuse. Diverses causes m'en ont empêchée ; enfin me voici. Vous ferez de ces lignes l'usage que vous voudrez ; du moins, mon cri d'amour et de gratitude sera jeté, et, quoique tardif, il montera, je l'espère bien, jusqu'au trône de notre bonne Mère.

» Je suis d'une nature frêle, d'une complexion délicate ; cependant, à part quelques douleurs dans le dos, ressenties à diverses reprises, et passagèrement, je suis venue jusqu'à trente ans sans connaître la maladie. C'était en 1866 : après plusieurs semaines d'un malaise que je ne m'expliquais pas, je fus saisie par une petite fièvre ; ma respiration devint difficile ; mes jambes refusèrent de me porter ; je ne pouvais faire de mouvement sans douleurs ; et je dus prendre le lit. Je fis alors appeler le docteur Edmy Gagniard, d'Avallon (aussi bon chrétien que bon médecin et excellent chirurgien), lequel, après un sérieux examen, constata « une saillie des apophyses » épineuses de six ou sept vertèbres dorsales » ; en d'autres termes plus compréhensibles, reconnut une affection de la colonne vertébrale des plus graves, que ces messieurs nomment : maladie de Pott.

» Il m'ordonna un traitement sévère et me prescrivit les eaux de Salies, auxquelles je me rendis peu de temps après, mais sans grand succès. J'y retournai encore deux ans de suite, et sans plus de résultat. J'allai respirer l'air de la mer qui m'était conseillé comme fortifiant. Je me laissai conduire à Paris, où je fus visitée par les princes de la science, Nélaton, Piorry, Bouvier, qui tous s'accordèrent à reconnaître la gravité de mon état, et me prescrivirent de nouveau, avec le corset à béquilles, les moxas, les badigeonnages iodurés, les cautères; et pendant trois années bien longues j'endurai ces tortures; et à la fin mon pauvre dos était tellement labouré, brûlé, que je ne pouvais plus souffrir ces médications trop énergiques, malgré ma bonne volonté.

» Et cependant la faiblesse et la maigreur augmentaient; l'appétit avait totalement disparu; il me fallait garder presque constamment la position horizontale; tout travail, toute occupation me devint impossible; j'éprouvais dans les bras, les doigts, les jambes, tantôt des élancements aigus, tantôt des fourmillements fatigants, accompagnés de froid dans ces parties : ma tête devint lourde, douloureuse; ma mémoire me faisait parfois défaut; et puis, vinrent les envies de vomir, les crises nerveuses, les pleurs ou les cris involontaires, les syncopes... Oh! j'étais bien malade; et, en présence de ces symptômes alarmants, mon pauvre docteur désespéra de moi.

...» Moi-même je voyais bien que les remèdes humains étaient impuissants, inutiles. Je n'avais éprouvé un peu de soulagement, pendant cette dernière année, qu'à la suite d'une neuvaine à Notre-Dame de Lourdes... J'en conclus que je ne pouvais être guérie que par elle, et, pleine de foi en sa puissance comme de confiance en sa bonté, je résolus d'aller lui demander ma guérison sur le théâtre même de ses triomphantes miséricordes, devant la Grotte mystérieuse de son apparition.

» C'était une grande affaire. Je ne pouvais faire quelques pas qu'appuyée d'un côté sur un bras, de l'autre sur une canne; et il s'agissait d'un voyage de plus de mille kilomètres, et il m'en fallait faire quatre-vingts en voiture pour me rendre de Lormes à Nevers, où je devais trouver le chemin de fer... N'importe, la main si bonne de Marie me faisait signe, sa voix si douce m'appelait... Je m'embarquai le lundi 12 juillet 1869, avec les souhaits des voisins et des amis, qui ne pensaient pas me revoir en vie... De fait, cette première journée fut dure... Je dus, en route, rester trois heures étendue sur un lit d'auberge, énervée et haletante... Mais les autres furent moins pénibles, et nous débarquâmes à Toulouse sur les cinq heures du soir, le jeudi suivant.

» Le vendredi, nous allions recommander notre entreprise à sainte Germaine et la prier d'intercéder pour moi auprès de la Sainte-Vierge. Nous retournions à Pibrac le dimanche pour communier à une messe qui devait se dire à mon intention à la chapelle de la bonne petite sainte,

12

et ce jour fut un jour de délicieuses émotions pour moi. Mon espérance s'accrut encore, et le lendemain je me sentis bien plus forte pour faire le trajet de Toulouse à Lourdes, où nous arrivâmes enfin le lundi soir 19 juillet.

» Le lendemain, je me rendis en voiture à la sainte chapelle, où j'entendis la messe, et d'où je revins sans trop de fatigue. Le mercredi, après la sainte communion, je descendis avec bien des précautions dans la piscine, témoin déjà de tant de prodiges; et j'en avais à peine touché le fond, que toute seule, au grand ébahissement de mon excellente tante, qui ne m'abandonnait pas, sans effort et sans secousses, sans pouvoir me dire comment la chose se fit, je me trouvai hors de l'eau. Je ne me sentis nullement incommodée par ce froid glacial qu'on ne peut bien comprendre que quand on l'a éprouvé; j'étais guérie!...

» Cependant, en m'agenouillant devant la grille de la Grotte, pour remercier, j'éprouvai un certain malaise dans les reins. Mais c'était les derniers adieux de mon mal; bientôt cette douleur disparut; je n'avais plus de tremblements, ni de faiblesse; l'appétit était revenu; je marchais librement et avec aisance, quoique avec réserve; les jours suivants, j'entendis la messe en action de grâces; et, le lundi 26, nous reprenions avec joie et reconnaissance le chemin de Lormes, où j'étonnai tous ceux qui me voyaient marcher si aisément.

» Mon bon vieux docteur, mandé et reçu par moi au seuil de la maison, ne pouvait en croire ses yeux ; mais, après avoir constaté ma parfaite guérison, il me dit d'un ton ferme et résolu : « Quand une maladie aussi dangereuse que la » vôtre, compliquée d'une complexion délicate, » a résisté aux soins les plus assidus, comme » aux efforts des maîtres de la science ; quand » elle devient de plus en plus grave, quand la » cachexie se manifeste, et qu'un beau jour, » subitement et par la simple immersion, pen- » dant une seconde, du corps dans une eau » glaciale, elle disparaît entièrement, il faut bien » dire avec Ambroise Paré : « Dieu l'a guérie ! » » et je dois ajouter : « C'est un miracle ! »

» Aujourd'hui, plus de deux années se sont écoulées depuis ce jour béni, et je n'ai rien ressenti de mon ancienne maladie ; je ne suis toujours pas d'une complexion robuste, ma nature est restée la même ; mais la gibbosité a disparu comme toute maladie ; je puis marcher, monter et descendre des escaliers, gravir la montagne au sommet de laquelle est située notre église, me baisser et me redresser sans souffrance, ce que je n'ai pu faire pendant les trois années que cette terrible affection a duré.

» Gloire donc à Dieu, toujours admirable dans ses desseins, toujours bon et miséricordieux!...

» Louanges à sainte Germaine, qui a bien voulu parler pour moi et appuyer ma requête!...

» Mais surtout actions de grâces, bénédiction, amour à Notre-Dame de Lourdes, qui m'a guérie! Ses bienfaits, comme ceux de son divin Fils, sont sans repentance : et elle voudra bien encore me soutenir dans les peines de corps et de cœur qui peuvent me survenir, parce que je veux jusqu'à la fin l'aimer et la bénir!...

» Léonie CHARTRON. »

Le même Recueil a emprunté à la *Revue de l'Yonne* la lettre suivante, relative à la guérison de Mlle Chartron :

« Madame,

» Je suis en retard pour vous répondre; un pauvre docteur, surtout si occupé, a peu de moments à lui.

» Oui, Mlle Léonie Chartron a été miraculeusement guérie à Lourdes.

» Si vous me connaissiez, Madame, vous sauriez que je suis bien peu porté, pas du tout même, à voir et à chercher des miracles partout. Il ne faut pourtant pas mettre continuellement Dieu en demeure de s'exécuter. Le *fiat voluntas* est plus parfait.

» Un miracle de plus ou de moins, disait une bonne vieille femme, il y en a beaucoup plus qu'il n'en faut pour avoir le bonheur de croire en Dieu.

» Revenons à notre miracle.

» Mlle Chartron a perdu ses père et mère et d'autres parents poitrinaires.

» Je l'ai traitée longtemps, cinq ou six ans, je crois, pour une affection grave de la colonne vertébrale, à la suite de laquelle les apophyses épineuses dorsales ont fait une saillie considérable, en raison du ramollissement et de l'affaissement de leur corps. Il y eut même collection purulente. Tout ceci constaté par Nélaton, Piorry et Bouvier. Plus d'appétit, amaigrissement complet, fièvre continue, insomnie; et la mort était imminente.

» Mlle Chartron part, soutenue, sinon portée par deux personnes, accompagnée d'un oncle, vénérable prêtre, qui vient de mourir à Lormes en odeur de sainteté. On la met comme on peut en voiture, en chemin de fer, dans un wagon-lit. A Lourdes, elle est conduite près de la fontaine, elle y entre et en sort guérie, n'ayant plus besoin de personne pour marcher, allant, venant, agile, gaie, heureuse et louant Dieu, bien entendu.

» Sa santé a été excellente depuis. Je me suis

encore promené hier avec elle pendant plus d'une demi-heure, dans son jardin, avec son frère et sa belle-sœur, et j'étais plus fatigué qu'elle.

» Maintenant, qu'un médecin instruit quelconque explique une guérison de cette sorte.

» J'en ai porté le défi à plusieurs de mes collègues.

» Les uns, ceux qui, comme Ambroise Paré, croient que Dieu *guérit*, et, comme Pascal, qu'il faut avoir bien peu de raison pour ne pas savoir qu'il y a une infinité de choses qui dépassent cette raison, se sont inclinés. Les autres, se croyant tant d'esprit qu'ils n'en dorment pas, dirait le bonhomme, font jabot devant les simples, traitent tout bas leurs confrères d'imbéciles. Imaginations! répètent-ils. Puis, demi-tour à gauche, et c'est fini.

» Pauvres hommes! s'ils allaient donc seulement à l'épiderme du talon des Récamier, des Laënnec, des Cruveilhier, des Dupuytren, cette forte génération médicale de 1830, d'autant plus religieuse qu'elle était plus savante!

» Pardon, Madame, de la longueur de ma lettre; la cause en est à l'indignation dont on peut à peine se défendre contre ces esprits forts qui, avec leur incapacité et leurs doctrines, finiront par communarder notre pauvre France et la faire disparaître du nombre des nations.

» L'histoire, soyez-en sûre, nommera notre temps celui des incapables.

» Veuillez agréer, etc.

> E. GAGNIARD père,
» Docteur-Médecin. »

Une dame ayant écrit à M. Gagniard, docteur-médecin à Avallon, pour savoir si cette lettre était bien de lui, il a répondu :

« Avallon, 15 décembre 1872.

» Madame,

» La guérison subite, instantanée de Mlle Léonie Chartron, à Lourdes, est certainement miraculeuse et tout ce qu'il y a de plus authentique.

» J'ai l'honneur de vous assurer, en outre, que la lettre insérée dans les journaux à cette occasion est bien de moi. Je communique, en ce moment, des documents curieux sur ce miracle, à un de mes confrères qui en parlera dans un petit travail qu'il prépare. Vous le lirez avec plaisir.

» Ainsi, le vrai chrétien relit avec ardeur les preuves de sa foi, titres de sa grandeur.

» En attendant, Madame, vous pourrez défier le médecin le plus instruit, le plus fort, le plus expérimenté, d'expliquer la guérison de la maladie de Mlle Chartron, maladie arrivée à la dernière période de paralysie, de fièvre et de marasme, avec suppuration de six vertèbres, en quelques secondes de n'importe quel traitement et d'en citer un seul exemple dans la science.

» Veuillez agréer, etc.

» E. GAGNIARD père,
» Docteur-Médecin. »

La maladie dont Mlle Léonie Chartron était atteinte, et qui pendant trois ans avait résisté aux traitements les plus énergiques conseillés par les médecins les plus renommés, devait très-probablement la conduire à la mort.

Il est nécessaire ici, pour faire bien apprécier l'importance de la guérison de Mlle Chartron, de dire en peu de mots ce qu'on entend par le mal vertébral de Pott.

Ce mal est la carie des vertèbres formant la colonne vertébrale.

Il débute par une ostéite ou inflammation aiguë ou chronique du tissu osseux d'une vertèbre. Il attaque particulièrement les individus scrofuleux : c'est assez dire qu'il apparaît dans des corps atteints d'une diathèse souvent difficile à détruire, et disposant les sujets qui l'offrent aux manifestations morbides les plus graves.

Le premier effet de l'ostéite est le ramollissement de l'os. Le corps de la vertèbre, incapable dès lors de supporter le poids du tronc, s'affaisse sur lui-même, et la vertèbre supérieure manquant d'appui en avant, mais soutenue en arrière par les apophyses épineuses et transverses, exécute un mouvement de bascule par lequel son apophyse épineuse se redresse et devient saillante. De là une *gibbosité* et l'attitude vicieuse, la démarche embarrassée du malade. De là aussi la faiblesse et quelquefois la paralysie complète des extrémités inférieures, par l'effet de la compression de la moelle épinière.

Si la maladie se termine par résolution ou par induration, la douleur locale disparaît, les accidents dépendants de la compression de la moelle diminuent ou cessent; mais les malades conservent une gêne bien apparente dans leur attitude et leur démarche.

Lorsque la maladie se termine par la carie (mal vertébral de Pott), la courbure de l'épine et la gibbosité augmentent. Souvent tous les symptômes d'une suppuration intérieure se manifestent, et d'autres fois, sans autre indice, des dépôts par congestion se forment aux lombes ou dans quelque autre partie déclive du tronc, et le malade finit par mourir de consomption.

Voilà la description rapide de la terrible maladie dont Mlle Chartron était atteinte depuis trois ans, lorsqu'elle se rendit à Lourdes, maladie qui avait pris des proportions effrayantes à cette époque, malgré les traitements énergiques qu'on lui avait inutilement opposés.

Mlle Chartron, guérie par l'eau de la fontaine de Bernadette, ne conserve pas la moindre trace des désordres, des déformations survenus dans la colonne vertébrale, pas même la moindre gêne dans l'attitude du corps et dans sa démarche, gêne qui subsiste toujours lorsque la science humaine fait avorter la maladie.

XXIII

**Caroline Esserteau, du Pèlerinage de Niort.
— Myélite chronique.**

Je donne la relation publiée successivement
par la *Semaine liturgique de Poitiers* et par les
Annales de Lourdes :

« Monsieur le Directeur,

» On est impatient d'avoir, et je ne le suis pas
moins de fournir un récit autorisé de la grande
faveur qu'il a plu à Dieu d'accorder au pèlerinage des Niortais à Lourdes, que j'ai eu l'honneur et le bonheur de présider.

» La guérison que nous avons obtenue s'est
opérée avec de telles circonstances, qu'elle nous
reporte aux faits évangéliques.

» Notre-Seigneur dit à l'aveugle-né : « Va te
» laver à la piscine de Siloé. » L'aveugle obéit et
put dire aussitôt : « Je vins, je me lavai, et je
» vois. »

» De même Notre-Seigneur a dit à notre
infirme en parlant à son cœur : « Fais-toi porter

» à la piscine de Lourdes. » L'infirme a obéi et elle a pu dire à l'instant : « On m'a portée, l'eau » m'a touchée, et je marche. »

» Or, Caroline Esserteau, âgée de moins de trente-deux ans (elle est née le 24 octobre 1841), était à la onzième année d'une myélite chronique qui avait produit dans son corps les plus terribles effets.

» La colonne vertébrale était toute déviée; la malade ne pouvait se tenir sur son séant. L'inflammation de la moelle épinière avait beaucoup affaibli sa vue, qui ne pouvait supporter un jour ordinaire. Elle avait surtout attaqué les jambes, où elle avait altéré la substance nerveuse et par suite les vaisseaux et les muscles, et les avait réduites à un tel dépérissement, à une telle émaciation, qu'il n'y avait plus guère qu'une peau livide et en quelque sorte ballante sur des os décharnés. Du reste, elles étaient inertes à tel point que, quand on portait la malade, elles allaient en tous sens si une autre personne ne les soutenait pas. Elles étaient aussi dans une insensibilité complète, ne recevant aucune sensation, même de l'électricité et de l'hydrothérapie employées à leur plus haute puissance.

» Les docteurs de Baréges et de Niort, après une saison en 1871 et deux en 1872, avaient prononcé de concert que la pauvre infirme ne pouvait plus songer à retourner à Baréges. Elle était déclarée tout à fait incurable.

» Or, elle est venue à Lourdes, je dirai au travers de quelles difficultés, au prix de quels efforts.

» Dès notre arrivée, en ce bienheureux jour du 2 juillet, fête de la Visitation de la Très-Sainte-Vierge, elle se fait porter en voiture jusqu'à la crypte, puis à bras par trois personnes jusqu'au plus prochain autel, ayant hâte d'entendre la messe et de communier, se sentant défaillir. Aussitôt après, les mêmes trois personnes la portent par le chemin le plus court à la piscine. Elles la déshabillent, la malade étant incapable de s'aider en rien; elles l'approchent de l'eau et l'y font descendre avec précaution. Mais, à peine l'eau est-elle arrivée jusqu'aux genoux, que la malade éprouve une sensation qu'aucune parole ne peut exprimer. Ses jambes sont pleines, fortes, solides, *consolidatæ sunt bases ejus*. Sa peau est vermeille. Ses pieds sont droits et réguliers. Sa taille est aussi toute redressée.

» Elle est guérie complétement, et il n'a fallu qu'une seconde.

» Elle s'écrie au même instant, écartant les trois personnes qui la voulaient soutenir encore : « Laissez-moi, je suis guérie! Portez mes appa- » reils à la Grotte. » C'étaient des guêtres bardées de fer qui prenaient ses jambes du genou à la cheville.

» Elle s'habille toute seule. Elle sort de la piscine, au grand saisissement des nombreux pèlerins, qui éclatent bientôt en transports. On chante le *Magnificat* avec un indicible enthousiasme. La jeune fille, tout entière à son émotion, a besoin d'être protégée contre les empressements de la foule, dont les rangs s'ouvrent enfin, grâce à l'énergie de deux braves officiers et fervents chrétiens du pèlerinage d'Amiens, et tous la voient qui marche facilement.

» On l'accompagne à flots pressés jusqu'à la maison des Révérends Pères Missionnaires.

» Voilà le fait dans son exacte réalité.

» Il s'est accompli, comme on l'a vu, dès la première heure de notre arrivée. C'était par une disposition divine, afin que la prodigieuse guérison pût être constatée par plus de témoins durant deux jours consécutifs. Et encore quelle autre admirable disposition divine avait réuni à cette heure les pèlerinages d'Amiens, d'Aix, de Narbonne, de Carcassonne, de Brioude et, le lendemain, celui de Montauban, avec notre pèlerinage!...

» Dieu voulut aussi qu'un médecin se trouvât là pour attester la guérison.

» Dans l'après-midi, je ramenai Caroline à

Lourdes en voiture, mais pour la dérober aux témoignages sympathiques qui se renouvelaient sans cesse, au risque de l'accabler, et auxquels elle se prêtait depuis plus de cinq heures, « le » faisant, me dit-elle, bien volontiers pour la » Sainte-Vierge ».

» Le lendemain, elle vint à pied de Lourdes à la Grotte. Je la ramenai, vers dix heures, à Lourdes, par une grande chaleur, toujours à pied. On sait la distance à parcourir.

» Ce jour, comme le précédent, elle fut assiégée par des visiteurs qui se renouvelaient à chaque instant. On voulait son nom, quelques mots de sa main ; on lui donnait des souvenirs.

» Ce n'est pas un petit sujet d'étonnement qu'elle ait pu soutenir la fatigue de ces pieuses obsessions.

» Agréez, je vous prie, monsieur le Directeur, l'hommage de tous mes meilleurs sentiments en Jésus et Marie-Immaculée.

» *L'archiprêtre de Niort, curé de Notre-Dame,*

» Athanase-Augustin GUILLET,

» Président du pèlerinage niortais à Lourdes, le 2 juillet 1878. »

La guérison de Mlle Caroline Esserteau est un fait que je puis parfaitement attester. J'ai vu cette malade, quand on la portait à la piscine, dans l'état décrit par M. l'abbé Guillet, archiprêtre de Notre-Dame de Niort : je l'en ai vue sortir, complétement débarrassée de tous les maux qui l'affligeaient.

Cette guérison si importante, puisqu'on a vu cesser à la fois et instantanément tous les désordres graves de l'économie, tels que la déviation considérable de la colonne vertébrale, l'affaiblissement de la vue, l'inertie totale des membres pelviens; cette guérison que la science humaine avait vainement cherché à obtenir par l'emploi des moyens les plus énergiques, est un fait de plus à ajouter à tous ceux qui démontrent les merveilleuses vertus curatives, pour des cas désespérés, de l'eau de la fontaine de Lourdes.

XXIV

Julie Massol, en religion sœur Dorothée, de la communauté de Saint-Joseph. — Guérison d'une myélite grave. — Récit de sœur Dorothée elle-même.

Vers la fin du mois de mai dernier, étant à Mostuéjouls, canton de Peyreleau (Aveyron), en qualité d'institutrice communale, je fus atteinte à la jambe droite, soudainement et pendant la nuit, d'une faiblesse et d'un engourdissement tels qu'il me fut impossible de descendre de mon lit, lorsque l'heure du lever sonna. Cet état n'avait été précédé d'aucune fatigue, ni d'aucune douleur. Je frictionnai fortement ma jambe, y appliquai de la moutarde en quantité; mais je n'en éprouvai pas plus de sensation que si j'eusse opéré sur un membre étranger. M. le docteur Bonneviale, domicilié à Paillas, se trouvant ce jour-là à Mos-

tuéjouls, fut aussitôt appelé. Après avoir longtemps examiné ma jambe, il avoua que jamais il
n'avait vu semblable maladie, et se contenta de
me conseiller des frictions avec de l'eau-de-vie
camphrée.

Huit jours plus tard, je retrouvai le même médecin; il me dit que le mal, loin d'avoir diminué,
avait au contraire fait des progrès rapides. Il
m'ordonna trois vésicatoires, que j'appliquai immédiatement sur la jambe infirme, à la partie
externe, pour tâcher de remettre mon sang en
circulation. Un seul produisit une légère ampoule,
les deux autres n'imprimèrent pas même une
trace. L'usage d'une béquille me devint indispensable; faisant taire ma répugnance pour cet
auxiliaire, j'y eus recours pour me promener
dans la maison; mais j'en usais avec tant de ma-
ladresse, que mes bonnes compagnes, malgré
leur compatissante sympathie, ne pouvaient
s'empêcher de rire en me voyant marcher.

Je me décidai à aller consulter M. Rufin, de
Millau, médecin qui jouit d'une grande réputa-
tion. Ce docteur pinça ma jambe, y enfonça profondément une épingle : je ne sentis rien. La vie
avait totalement abandonné ce membre. Pensant
la retrouver à la hanche, où j'éprouvais une
extrême douleur, il m'y appliqua un vésicatoire
et me fit plusieurs autres prescriptions, m'assu-

rant que, pourvu que mon mal n'eût pas son siége à la moelle épinière, je serais guérie dans huit jours.

Malgré ma scrupuleuse exactitude à exécuter cette ordonnance, je ne me trouvai pas même soulagée. Au contraire, ma faiblesse augmentait, ma jambe était froide comme le marbre, et cette froideur se répandait sur tout mon corps, raidissait tous mes membres, m'obligeait, même au milieu des plus fortes chaleurs, à m'approcher d'un grand feu pour les réchauffer.

Cet état me décida à me faire transporter encore à Millau. M. Rufin fut fort étonné du peu d'efficacité de ses remèdes, et constata que mon mal avait son siége à la moelle épinière, comme il l'avait toujours cru. Il jugea que les remèdes, employés précédemment, n'étaient pas assez énergiques pour vaincre la grande inflammation que j'avais dans la partie d'où provenait mon mal, et me proposa de m'appliquer six cautères le long de la colonne vertébrale. J'éprouvais déjà en cet endroit de si grandes douleurs, que je le priai de se contenter de deux, ne me sentant pas la force de soutenir une pareille torture. M. le docteur se rendit à mes désirs et remplaça les autres quatre cautères par des emplâtres de cantharides, qu'il me recommanda de renouveler chaque huit jours.

L'espoir que j'avais d'abord conçu d'être bientôt sinon guérie, du moins soulagée, ne tarda pas à s'évanouir. Un mois s'était écoulé depuis ce dernier traitement, et j'étais toujours dans le même état. Ma jambe, devenue plus mince, me donnait de plus vives inquiétudes ; les douleurs de l'épine dorsale avaient la même intensité.

Je m'adressai à un troisième médecin, à M. Lubac, docteur fort distingué de Millau. Après avoir examiné très-soigneusement mon état, pris connaissance des prescriptions des deux médecins qui m'avaient déjà traitée, il avoua que j'étais atteinte d'une paralysie, non encore très-compliquée, mais ayant toutes les apparences de s'étendre, dans peu de temps, sur tout mon corps. Il trouva que ma jambe infirme avait déjà diminué considérablement ; et ce fut en vain qu'il y chercha, en y enfonçant plusieurs fois une épingle, des endroits sensibles ; il n'en existait plus depuis le genou jusqu'au pied.

Voyant qu'il était inutile d'opérer sur un membre mort, il m'ordonna une application de quinze sangsues à la colonne vertébrale. Tout leur effet fut d'augmenter ma faiblesse. Dix jours après, le même docteur jugea à propos de m'appliquer quatre cautères et m'ordonna des bains chauds sulfureux. Je les pris avec les plus grandes précautions, car le moindre air, au sortir de ces bains, devait aggraver mon mal. Les cautères ont coulé pendant longtemps, sans qu'aucune amélioration soit survenue dans mon alarmant état.

N'attendant plus ma guérison des hommes, je m'exerçais à la soumission à la volonté de Dieu, et lui offrais, de mon mieux, tout ce qu'avait de pénible pour moi la perspective d'être infirme à la fleur de l'âge. Ma bonne Supérieure générale, qui partageait vivement mes appréhensions, m'écrivit pour me proposer un voyage à Lourdes. Quoique me sentant peu de forces, j'accueillis avec bonheur cette proposition, et, le 3 septembre, je me mettais en route, bien que les médecins craignissent pour moi la fatigue de ce long voyage. De plus, depuis quelques jours, je me trouvais plus souffrante, n'ayant point ou presque pas d'appétit. Mais je partais avec l'encourageante pensée que ma guérison, comme celle de tant d'autres, était réservée à la bonne et puissante Marie, et qu'elle s'opérerait au lieu même où, depuis quelques années, elle se plaît à déployer sa bienfaisance maternelle. Cet espoir m'aidait à soutenir, sans me plaindre, les cahots de la voiture, qui m'incommodaient beaucoup, vu les nombreuses plaies que j'avais sur le corps.

Arrivée à Millau le 3 septembre au matin, j'en repartis à trois heures du soir, par la diligence de Saint-Affrique, qui devait me transporter à Albi. Que ce trajet me parut long ! J'éprouvais beaucoup de malaise; mais je pensais à Lourdes, et je conjurais la Vierge Marie d'avoir égard à la peine que je prenais pour me rendre dans son sanctuaire de prédilection.

A mon arrivée à Albi, le 5 septembre, à six heures du matin, on me fit porter à la gare, où j'attendis le départ du train qui devait me transporter à Toulouse. A peine montée dans le wagon, mes douleurs devinrent plus vives, mon estomac ne put plus retenir aucune nourriture; il me semblait que le peu de forces qui me restaient encore m'abandonnait; mon abattement était extrême. Ma bonne Supérieure et plusieurs de mes compagnes, qui me suivaient dans ce pieux pèlerinage, m'entouraient de soins et se montraient pleines de sollicitude à mon égard. Craignant qu'elles ne me laissassent pas continuer mon voyage, je dissimulais de mon mieux ce que j'éprouvais.

Il nous fallut passer la nuit à Toulouse; je me trouvais plus impuissante que jamais à me donner du mouvement. J'eus toutes les peines du monde à me traîner du wagon à la salle d'attente, à l'aide de ma béquille et du bras d'une de mes compagnes. Après un moment de repos, un omnibus me transporta à l'hôtel. Là mes tortures recommencèrent; ne voulant pas permettre à mes bonnes compagnes de me porter sur le lit qu'on me destinait, je me fatiguai tellement en montant l'escalier, qu'en arrivant dans ma chambre, je faillis être suffoquée. Un instant, je crus que j'allais mourir sans avoir salué la Grotte bénie, dans les eaux de laquelle j'allais chercher ma guérison.

Le lendemain, je pus cependant me remettre en route, et ce ne fut pas sans impatience que je vis arriver l'instant où nous pûmes saluer la petite ville de Lourdes. Dieu m'avait enfin soutenue jusque-là; ma confiance redoublait. Oubliant la fatigue, les incommodités de la route, je ne pensais plus qu'au bienfait que j'allais solliciter. L'heure de repos qu'on me donna à la gare me parut bien longue. Enfin, on me plaça dans un omnibus qui me conduisit directement à la Grotte. Ce fut la Supérieure qui m'aida à m'approcher de la piscine et à y descendre. Dès que j'eus touché l'eau miraculeuse, je sentis un frissonnement général parcourir tout mon corps. Cette première sensation ne fut pas de longue durée; trois minutes après, l'eau avait perdu sa première froideur et était devenue douce et presque tiède. Je pus bientôt mouvoir ma jambe

et l'agiter en tout sens. Peu après, je sentais
quelque chose de bienfaisant circuler dans ce
membre; il me semblait que mes veines s'ou-
vraient et que l'eau y entrait. Je sentais très-bien
que la vie revenait. Je voulais appuyer mon
pied, mais j'éprouvais encore une douleur violente
au talon. Un petit quart d'heure après, toutes
mes souffrances avaient disparu. Me sentant leste
et bien portante comme autrefois, j'annonçai à
ma bonne Supérieure que je me sentais la force
de marcher. Elle m'engageait à rester encore
dans l'eau; mais je l'assurai que cela était inutile
et que j'étais radicalement guérie. En effet, je
m'élançai hors de l'eau et m'habillai à la hâte
pour aller devant la Grotte témoigner à Marie
ma reconnaissance. Un prêtre prend ma béquille
et s'empresse d'en faire hommage à Marie.

Un instant après, je montai à la crypte, où la
troupe de pèlerins qui m'accompagnait chanta
un *Magnificat* pour m'aider à exprimer à la
Vierge-Immaculée ma gratitude et mon amour.
De là, je me rendis chez les Missionnaires,
qui souhaitèrent d'entendre le récit du bienfait
que la divine Vierge venait de m'accorder.

Dans la soirée, je redescendis à la Grotte pour
y prier, et ce ne fut qu'avec regret que je pus
m'arracher au bonheur que j'y éprouvais, pour
aller goûter un peu de repos.

Un moment après j'arrivais à Lourdes, sans avoir éprouvé la moindre fatigue; je soupai avec appétit, et la nourriture que je pris, en assez grande abondance, ne m'occasionna pas le plus léger malaise. Je dormis pendant la nuit du sommeil le plus calme, et le lendemain, de bonne heure, je retournais à pied au sanctuaire, où j'avais laissé la veille ma béquille et mon infirmité.

Jusqu'au jour de mon départ de Lourdes, qui eut lieu le 9 septembre au matin, je pus suivre tous les exercices qui se firent le dimanche et le lundi, à la Grotte, à l'église, à la crypte et sur la montagne.

Je suis rentrée fort bien portante dans ma communauté de la Besse, et ai soutenu les fatigues du retour comme l'eût pu faire la personne la plus robuste. Il m'a été donné de suivre tous les exercices de la retraite générale et de me conformer en tout aux usages de notre maison.

Gloire à Marie! Reconnaissance sans bornes à cette auguste et puissante bienfaitrice! Puisse la santé qu'elle m'a rendue avec tant de générosité être employée uniquement à son service et à celui de son divin Fils!

Sœur DOROTHÉE.

Fait à la Besse, le 22 septembre 1873, en vertu de la sainte obéissance.

Pour copie conforme :
COSTES, curé de la Besse.

Le vicaire-général soussigné, certifie l'exactitude des faits contenus dans le rapport ci-dessus.

Rodez, le 14 octobre 1873.

COSTES, v.-g.

LETTRE DE M. H. BONNEVIALE

Domicilié à Paillas

A MADAME LA SUPÉRIEURE DES SŒURS DE SAINT-JOSEPH, DITES FILLES DE MARIE CONÇUE SANS PÉCHÉ, ÉTABLIES A LA BESSE.

Madame la Supérieure,

Je viens de recevoir votre lettre ; et, pour me conformer à vos désirs, je m'empresse de vous répondre.

J'ai soigné la sœur Dorothée, supérieure du couvent de Mostuéjouls, et j'avoue que tous mes soins ont été inutiles.

Cette Sœur était atteinte d'une maladie très-grave, d'une hémiplégie, ou, pour employer des mots que vous comprendrez mieux, d'une paralysie de la cuisse et de la jambe droite.

Après un sérieux examen, j'avais constaté que la locomotion était difficile et que la sensibilité était presque anéantie. Les nerfs sensitifs et les nerfs moteurs étaient donc également lésés. De plus, la température du membre malade était plus basse que celle du membre sain. La mensuration n'accusait aucun commencement d'atrophie musculaire; seulement, les muscles du membre inférieur droit étaient plus flasques que ceux du membre gauche.

Tous ces symptômes étant reconnus, j'attribuai la maladie à une lésion de la moelle épinière, soit que la substance elle-même de la moelle fût altérée, soit qu'il y eût une compression exercée sur cette substance par une cause morbide.

Il ne m'était pas possible de dissimuler la gravité de la maladie, et je fis part de mes craintes à une autre Sœur du même couvent. La dernière fois que je vis la sœur Dorothée, le 12 du mois d'août dernier, la maladie avait fait des progrès très-rapides, et la paralysie était complète. Plus de mouvement, plus de sensibilité et grand affaiblissement dans toute l'économie.

Je conseillai les douches et les bains de Balaruc. Je conseillai Balaruc comme étant la station balnéaire la plus rapprochée. Je pensais que dans cet établissement, on pourrait joindre à l'hydrothérapie l'électricité, la strychnine, etc. La sœur Dorothée me répondit qu'elle me remerciait de l'intérêt que je lui portais et qu'elle suivrait mes conseils. Mais, au lieu de se rendre à Balaruc, elle a mieux aimé prendre le chemin de Lourdes; elle a bien fait, puisque le résultat de son voyage a été si heureux. Si réellement cette bonne Sœur a été spontanément et radicalement guérie, il faut avouer que la Sainte-Vierge est plus habile que les docteurs. Les lésions dont je vous ai parlé ne sont détruites par aucun traitement médical, et j'affirme que, si elles ont disparu par l'effet d'un bain d'un quart d'heure, cette guérison est miraculeuse.

BONNEVIALE, d.-m., *signé*.

Millau, le 12 septembre 1873.

———

LETTRE DE M. LUBAC

Docteur-Médecin à Millau.

Madame la Supérieure,

Voici les renseignements que vous me demandez, au sujet de la maladie de sœur Dorothée. — Les premiers symptômes se sont manifestés il y a trois mois environ. Ils consistaient, au début, en une faiblesse du membre inférieur droit, avec diminution de la sensibilité cutanée. Aujourd'hui, la paralysie est complète. La cause du mal n'est pas dans le membre, elle se trouve plus haut et dans un organe indispensable aux fonctions de la vie, dans la *moelle épinière*. C'est celui-ci qui est malade ainsi que ses enveloppes; cela

s'appelle une *myélite*. La myélite ne compromet
pas la vie en général, surtout quand, comme
dans notre cas, le siége du mal est au niveau des
épaules, mais les fonctions du membre atteint
sont très-compromises ; on guérit bien quelquefois, mais les guérisons sont rares, malgré
les meilleurs traitements. Ainsi, il est fort à
craindre que sœur Dorothée demeure paralysée.
— Quant au voyage et au bain dont vous me
parlez, je devine bien de quoi il s'agit, malgré
votre silence ; je les considère comme absolument
mauvais. Du reste, ce n'est pas la première fois
que j'interdis ces voyages à sœur Dorothée.
Quant aux bains, je les lui avais prescrits, mais
c'étaient des bains chauds et sulfureux. Presque
toutes les myélites surviennent après un refroi-
dissement. Un bain froid pourrait doubler le
mal. Ce serait, à mon avis, de la dernière impru-
dence.

LUBAC, d.-m., *signé*.

Millau, 12 septembre 1873.

RÉPONSE DE M. RUFIN, DOCTEUR-MÉDECIN

Madame la Supérieure,

Vous me faites l'honneur de m'écrire pour me
demander mon avis sur la nature de la maladie
de madame sœur Dorothée, domiciliée à Mos-

tuéjouls. Vous me demandez en même temps si je crois qu'un voyage assez long, et un quart d'heure passé dans un bain d'eau *naturelle* et *froide*, fussent propres à guérir spontanément et radicalement sa maladie. Je me permets, Madame, de copier textuellement les termes de votre question, à laquelle je vais tâcher de répondre. La maladie de la sœur Dorothée est une paralysie accidentelle, reconnaissant pour cause une lésion de la moelle épinière, *très-probablement* rhumatismale. Quant à votre seconde question, voici ce que je puis vous répondre. Le moyen dont vous me parlez est un moyen *perturbateur très-puissant*. En l'employant, on s'expose à faire beaucoup de mal ; mais aussi on obtient parfois des résultats très-surprenants. Dans les ouvrages qui traitent de l'hydrothérapie, on trouve des guérisons réellement bien extraordinaires par des moyens analogues. Dans la clientèle ordinaire, on s'abstient habituellement de tous ces moyens, qui peuvent donner des résultats fâcheux. Un médecin prudent laisse ordinairement à l'initiative personnelle le choix de pareils moyens. Mais, une fois encore, les guérisons obtenues par de pareils procédés sont plus nombreuses qu'on ne saurait croire.

RUFIN, d.-m., *signé.*

La réponse des trois docteurs ci-dessus a été faite à la lettre suivante de madame la Supérieure du couvent de la Besse, du 11 septembre 1873 :

« Monsieur le Docteur,

» Permettez-moi de solliciter de votre obli-
» geance un exposé consciencieux et exact de la
» nature et de la gravité de la maladie de notre
» chère sœur Dorothée, supérieure locale du
» couvent de Mostuéjouls, à laquelle vous avez
» donné des soins si intelligents.

» Veuillez, monsieur le Docteur, me dire en
» même temps si vous croyez qu'un voyage
» assez long et un bain d'eau naturelle et froide,
» d'un quart d'heure, fussent de nature à guérir
» spontanément et radicalement sa maladie.

» Vous me ferez le plus grand plaisir de
» m'honorer d'une prompte réponse, que je vous
» prie de m'adresser à la Besse.

» Sœur ARTHÉMON,

» Supérieure générale des Sœurs de Saint-Joseph, signée.

» Pour copie conforme de tous les extraits ci-dessus,
» le 18 septembre 1873, à la Besse.

» COSTES, *curé.* »

La Besse, 18 octobre 1873.

Monsieur le Supérieur,

La retraite générale, le départ des Sœurs, une absence forcée de madame la Supérieure sont les seules causes du retard que nous avons mis à vous écrire. Voici enfin les détails de la guérison miraculeuse de notre bonne sœur Dorothée, le 6 septembre dernier, à Lourdes, fait si mémorable pour la communauté de la Besse. Veuillez les soumettre, le plus tôt possible, à l'approbation de Monseigneur. Il nous manque cet acte de bienveillance de notre vénéré et illustre Prélat, afin d'envoyer tout le dossier aux RR. PP. Missionnaires de Lourdes, qui le réclament avec instance, et que nous serions heureux de leur transmettre sans retard.

Sœur Dorothée, notre heureuse miraculée, a relaté elle-même, par obéissance, tout ce qui a eu lieu à son occasion. Les médecins consultés ont répondu. Seul des trois docteurs, M. Rufin n'a pas voulu s'expliquer sur le surnaturel de la guérison; mais sœur Dorothée, passant par Millau, pour se rendre à son poste de Mostuéjouls, a rendu visite à M. Rufin, qui, la voyant marcher avec tant d'aisance, a confessé le miracle; mais, pressé de le constater par écrit, il a répondu qu'il ne le pouvait, vu que la Faculté de médecine ne le voulait pas. Qui sait, dit-il, si dans vingt ans, l'art médical n'aura pas trouvé le secret de telles guérisons? Voilà les fruits de la libre-pensée!...

Sœur Dorothée, toujours bien portante, a impressionné les gens de Millau; et on nous a écrit que sa présence à Mostuéjouls fait l'admiration et la surprise du public; les gens sont venus la voir en foule, et, pendant quinze jours, c'est à peine si elle a eu un moment de libre. Je lui avais donné mes conseils, afin qu'elle conservât des sentiments humbles au contact d'une ovation si extraordinaire. Je dois dire que ce miracle a fait un grand bien aux âmes et ne contribuera pas peu à amener de nombreux pèlerins au sanctuaire de Lourdes.

COSTES, curé de la Besse,
Fondateur de la Communauté, signé.

La Besse, le 12 octobre 1873.

Pour copie conforme :

COSTES, curé de la Besse.

L'état morbide de Mlle Julie Massol, en religion sœur Dorothée, offrait une grande gravité. La paralysie complète de tout le membre pelvien droit, sous la dépendance d'une altération profonde de la moelle épinière, aurait fini par se généraliser, car l'inflammation bornée de la moelle épinière se serait très-probablement étendue à toute la masse nerveuse, et aurait certainement amené dans le membre pelvien gauche les effets produits sur le membre opposé.

La maladie, bien constatée, avait été inutilement traitée par trois médecins habiles, qui, reconnaissant sa gravité et les résultats généraux fâcheux qu'elle devait rapidement produire, lui avaient opposé les traitements les plus énergiques. Consultés sur un long voyage que la malade devait entreprendre et sur l'emploi, pendant un quart d'heure, d'un bain froid à l'eau simple, ils avaient émis sur les deux points un avis défavorable.

Heureusement pour la malade, leurs conseils ne furent pas suivis. L'affection redoutable dont elle était prise, et qui s'était jouée de tous leurs remèdes, trouva promptement sa fin dans l'eau de la piscine du sanctuaire de Lourdes.

Je dois déclarer, à l'occasion de cette guérison, que je me suis, durant plusieurs années, occupé d'hydrothérapie dans un de nos grands établissements thermaux de la chaîne des Pyrénées (Cauterets), où j'ai employé l'eau sous toutes ses formes et à toutes sortes de température, dans des cas de l'espèce en question, et que je n'ai jamais pu obtenir un seul résultat comparable à ceux que l'eau de la piscine de Lourdes produit tous les jours.

XXV

Rachitisme. — L'orpheline de Lille.

Après avoir relaté quelques observations importantes sur les maladies des pulpes nerveuses et sur l'action curative puissante d'une eau simple, dans des circonstances où la science humaine n'avait pu en arrêter la marche fatale, je vais poursuivre cette étude des plus graves affections, miraculeusement guéries au sanctuaire de Lourdes, en m'arrêtant d'abord au rachitisme.

C'est une affection désastreuse, provenant des causes les plus débilitantes et produisant des lésions de nutrition qui peuvent donner lieu aux phénomènes morbides les plus variés et les plus compromettants pour la vie.

Maladie propre à l'enfance, elle est caractérisée par une altération générale ou partielle dans la direction, la longueur, le volume et la structure des os, avec affaiblissement de la constitution.

Le nom de *rachitis* ou *rachitisme* vient de ce que la courbure de l'épine est un des symptômes les plus remarquables de la maladie : cette courbure n'existe pas dans tous les cas.

Le rachitisme se développe principalement pendant les premières années de la vie chez les enfants faibles, issus de parents cachectiques, scrofuleux, scorbutiques, etc., élevés dans des lieux humides, privés d'une nourriture ou de vêtements suffisants.

Cette terrible affection peut s'accompagner d'accidents graves du côté des poumons (tubercules), du côté du cœur, du cerveau, de la moelle épinière, de paralysies étendues, etc.

Le fait que je vais citer montrera mieux encore que ces notions générales la gravité de ce mal. Le récit a été emprunté par les *Annales de Lourdes* à la *Semaine religieuse de Cambrai* :

« Une orpheline, âgée de près de vingt-six ans, Sophie Druon, de Lille, qui a été reçue dans cette maison il y a bientôt vingt ans, avait été atteinte, vers l'âge de onze ans, d'une paralysie qui l'avait privée de l'usage de ses membres. Il lui était absolument impossible de marcher, de se tenir debout, de se mettre à genoux, de remuer lorsqu'elle était assise ou couchée ; les bras et les jambes, sans force et sans chaleur, s'étaient contournés en forme d'arc ; la jambe droite était entrelacée autour de la gauche, les genoux offraient d'énormes tumeurs ; lorsqu'une

de ses compagnes la portait, on voyait ces membres morts se balancer comme le fléau que le
cultivateur porte sur son épaule. La jambe droite
était plus courte que l'autre d'environ dix centimètres. Il y a environ quinze ans, lorsque cette
paralysie, qui avait atteint la moelle des os,
s'était produite, la Supérieure de l'Orphelinat
avait consulté le docteur Parisé : celui-ci avait
répondu qu'il n'y avait pas de remède possible
et que cette jeune fille serait infirme toute sa vie.

» Depuis lors, en effet, aucune amélioration
ne s'était opérée dans l'état de Sophie Druon. Un
grand nombre de personnes l'ont vue, accom-
pagnant les orphelines dans leurs sorties, sur la
petite voiture que plusieurs personnes charitables lui avaient procurée en juillet 1868 ; on la
connaissait sous le nom de *la petite infirme*. Ses
compagnes la portaient de salle en salle ; nous
l'avons vue souvent apporter à la chapelle dans
les bras d'une autre orpheline.

» La confiance en Dieu, l'espoir d'une guérison
ne l'avaient jamais abandonnée. Elle avait déjà
fait dix neuvaines pour obtenir de pouvoir marcher, sans avoir été exaucée ; néanmoins, elle
ne désespérait pas. Comme l'âge, en la faisant
devenir plus robuste, rendait plus pénible pour
ses compagnes la charge de la transporter d'une
salle dans une autre, elle résolut, à la fin du mois

d'août dernier, de faire une neuvaine en l'honneur de Notre-Dame de Lourdes, pour obtenir de pouvoir marcher au moins avec des béquilles, et d'éviter ainsi à ses compagnes la fatigue qu'elle leur occasionnait, en même temps que leur dévotion serait augmentée. Plusieurs des Filles de la Charité de la maison et une quarantaine d'orphelines, enfants de Marie, s'associèrent à sa pieuse pensée ; afin de joindre la pénitence à la prière, Sophie Druon jeûna durant les neuf jours, à l'insu de ses maîtresses, qui ne le lui auraient point permis à cause de sa faible santé.

» La neuvaine devait se terminer le dimanche 8 septembre, fête de la Nativité de la Sainte-Vierge, à trois heures de l'après-midi. Le matin de ce jour, Sophie Druon fut portée à la chapelle, où elle communia, puis au réfectoire, à la salle d'étude et enfin à la salle de récréation.

» Vers neuf heures, elle se trouvait dans cette salle avec une vingtaine d'orphelines, lorsque, toujours confiante dans la puissance de Celle dont elle implorait l'intercession, elle demanda un peu d'eau de la fontaine de Lourdes. Elle en but et pria l'une de ses compagnes de réciter avec elle l'*Ave Maria*. A peine avait-elle fini cette prière qu'une violente commotion se produisit dans ses membres ; ses jambes se raidirent; elle se leva et retomba sur elle-même. Mais sa compagne l'ayant prise par la main, elle se leva de nouveau et marcha. Aussitôt on entendit retentir dans toute la salle et bientôt dans toute la maison ce cri d'étonnement et de joie : « *Sophie marche !* » *Sophie marche !* »

» Elle marchait en effet pour la première fois depuis quinze ans. Ses jambes, devenues en un instant droites, raides et fortes, pouvaient la porter et se mouvoir. Elle traversa la cour, gravit sans difficulté l'escalier et monta à la chapelle, afin de rendre grâce à Celle qui lui avait obtenu une si grande faveur du Tout-Puissant. Toutes ses maîtresses, toutes ses compagnes l'avaient suivie ; transportées de reconnaissance et de bonheur, elles entonnèrent le *Magnificat*, remerciant Celui qui avait regardé l'humilité de sa servante et fait en elle de grandes choses.

» Lorsqu'une heure après, Sophie Druon se rendit à l'église Sainte-Catherine pour assister à la messe paroissiale, chacun s'étonna de la voir marcher ; à la sortie de l'église, une foule compacte se rangea sur son passage, afin de contempler celle qui venait d'être l'objet de ce qu'on n'hésitait pas à appeler un miracle.

» Depuis lors, nous avons vu Sophie Druon plusieurs fois : elle marche facilement et sans efforts ; les os des jambes ont repris la forme droite qu'ils avaient perdue, et retrouvé la chaleur et la force. La jambe droite s'est allongée d'environ huit centimètres; les genoux ont la grosseur naturelle. Une amélioration notable s'est même produite dans le bras droit; l'orpheline peut maintenant, ce qui lui était auparavant impossible, faire facilement le signe de la Croix.

» Voilà le récit très-exact du fait qui vient de se passer à Lille. L'orpheline qui a été l'objet de cette guérison ne pouvait marcher ni se mouvoir depuis quinze ans; elle était réputée incurable par les médecins; elle a été guérie instantanément le neuvième jour d'une neuvaine qu'elle faisait en l'honneur de Notre-Dame de Lourdes, au moment où elle venait de boire un peu d'eau de la fontaine de Lourdes et de réciter un *Ave Maria*; ce fait a eu pour témoins une vingtaine d'orphelines qui se trouvaient dans la salle où il s'est accompli, et toutes les orphelines ainsi que leurs maîtresses, qui sont accourues en entendant le cri : « Sophie marche! Sophie marche! » Il a pour témoins un nombre considérable de personnes de la paroisse Sainte-Catherine, qui sont venues voir *marcher*, à l'entrée et à la sortie de la messe paroissiale, celle que depuis quinze ans ils entendaient appeler la petite infirme; il a pour témoins une foule d'ecclésiastiques et de personnes de toute condition, qui sont allés depuis huit jours visiter l'orpheline et se faire

raconter les circonstances qui ont accompagné
sa guérison; il a pour témoin le médecin de la
maison, qui, après avoir vu et interrogé Sophie
Druon, a déclaré que le doigt de Dieu est là.
Chacun dit qu'il y a miracle; nous le disons
aussi, en ajoutant toutefois qu'il n'appartient
qu'à l'Église de se prononcer, avec l'autorité de
la chose jugée, sur une question de cette nature.

» En terminant, nous voudrions faire remarquer tout ce qu'il y a de providentiel dans le fait
que nous venons de raconter. Les journaux irréli-
gieux et les incrédules semblaient avoir pris à
tâche, depuis quelques semaines, d'attaquer tout
spécialement les pèlerinages à Notre-Dame de la
Salette et à Notre-Dame de Lourdes; une feuille
de Lille avait jeté le ridicule sur les miracles, en
tournant en dérision la dévotion envers Notre-
Dame de Lourdes : et voilà qu'à quelques pas du
bureau de cette feuille, un fait prodigieux se produit par l'intercession de la Sainte-Vierge, invoquée sous le nom de Notre-Dame de Lourdes; et
ce fait est tellement évident que ce journal n'a
pas encore osé l'attaquer. La paroisse Sainte-
Catherine, près de laquelle est situé l'Orphelinat,
se dispose à rendre bientôt la statue vénérée de
Notre-Dame de la Treille à l'église qui se construit sous ce vocable; et voilà, comme l'ont dit
un grand nombre de personnes de cette paroisse,

que la Sainte-Vierge indique elle-même, par un prodige, sous quel titre elle veut être invoquée à l'autel qu'abandonnera la statue de Notre-Dame de la Treille.

» Il est consolant, au milieu des tristesses qui nous affligent, de voir la puissance de Dieu se manifester par des faits éclatants, qui réduisent l'impiété au silence, forcent l'indifférence à l'admiration, excitent la dévotion des fidèles, et donnent à tous ceux qui souffrent l'espoir de la guérison et du salut.

» A ce récit nous ajoutons, comme pièce justificative, la déclaration de M. Masurel, médecin de l'Orphelinat, qui constate la nature extraordinaire de la guérison :

« Le soussigné, docteur médecin, certifie que
» Mlle Sophie Druon, âgée de vingt-six ans, pen-
» sionnaire de l'Œuvre de la Miséricorde de Lille,
» était atteinte d'un rachitisme très-prononcé,
» ayant pour principal résultat de rendre diffi-
» ciles et très-bornés les mouvements des mem-
» bres supérieurs et de rendre complétement
» inertes les membres inférieurs.

» Cet état d'infirmité, considéré comme incu-
» rable, m'était connu depuis douze à treize ans,
» lorsque le 8 septembre dernier, à neuf heures
» du matin, j'ai été en position de constater :
» 1° que le redressement et le mouvement des

» membres inférieurs étaient assez accentués
» pour permettre une marche facile; 2° que les
» membres supérieurs avaient acquis, dans l'é-
» tendue de leurs mouvements, une amélioration
» remarquable.

» Ce résultat est d'autant plus extraordinaire
» qu'il s'est produit spontanément et sans aucune
» transition de nature à permettre de l'attribuer
» à l'influence d'aucun traitement.

» MASUREL.

» Lille, 12 septembre 1872. »

Cette observation, si nette et si précise, prouve la puissance des causes morbides, les désordres multiples produits par la diathèse scrofuleuse, l'impuissance de la médecine dans ce cas; elle établit parfaitement aussi l'instantanéité de la guérison, avec redressement des membres et le retour de la progression anéantie depuis plusieurs années.

On peut noter ici un phénomène fort curieux, observé chez tous les individus pris de maladies que la science humaine n'avait pu guérir, et qui cessent sous l'action de l'eau de la fontaine de Bernadette. Ce sont des douleurs très-vives dans les parties privées depuis fort longtemps de mouvements, ou qui sont le siége de phénomènes organiques anormaux plus ou moins compromettants pour la vie.

Dans le cas dont je m'occupe, la vie ne revient dans les membres privés de mouvements depuis plusieurs années qu'après une violente commotion.

XXVI

Scrofules et ankylose. — Guérison d'une jeune Vendéenne.

La maladie scrofuleuse, une des plus redou-tables qui affligent l'humanité, désorganise souvent d'une manière lente et cruelle les diverses parties du corps.

Il n'est pas de médecin qui ne soit parfois aux prises avec cette terrible affection, et ne se voie bien souvent dans l'impossibilité d'en arrêter, d'en modifier la marche. Il doit alors forcément assister, pour ainsi dire les bras croisés, au spectacle le plus affligeant qui se puisse voir.

Heureux les malades qui, en présence de cette impuissance de la science du médecin, peuvent trouver ailleurs des moyens du curation extraordinaires !

Le fait suivant donnera en même temps une idée parfaite d'une des formes de cette cruelle maladie et un exemple de ces merveilleuses guérisons.

Philomène Simonneau, bonne et pieuse enfant, fille d'une famille de laboureurs vendéens, habite Chambreteau, un des bourgs de ce *Bocage*, terre classique de l'héroïsme chrétien. Elle a vingt ans. Voici la cinquième année qu'une maladie scrofuleuse attaqua sa jambe droite, la tuméfia horriblement et peu à peu la ploya en forme d'arc. Trois plaies de la plus mauvaise nature s'ouvrirent au-dessus de la cheville ; les os furent mis à découvert, la carie les entama, des esquilles s'en détachèrent. L'inflammation était affreuse. Si les plaies se fermaient quelques jours, une intolérable douleur envahissait les membres, et la malade n'avait de soulagement que lorsque les chairs se rompaient encore pour laisser couler des matières purulentes et des fragments d'os.

Les articulations du cou-de-pied et du genou devinrent assez tôt inflexibles, et un peu plus tard l'articulation supérieure se trouva aussi enrayée. Et ce fut alors pitié de voir cette malheureuse enfant. Violemment courbée, elle ne s'asseyait qu'avec une grande difficulté et ne pouvait sans béquilles se tenir sur la jambe valide, ni faire un pas. Aujourd'hui, la famille et les voisins rient en rappelant ses tentatives pour franchir le seuil de la maison, haut de quelques centimètres à peine, et les chutes qu'elle y a faites. On n'en riait pas, hélas! il y a peu de temps encore, et sa mère a sans doute versé plus d'une larme à ce spectacle.

A ses jours les meilleurs, elle réussissait par de longs efforts à parvenir jusqu'à l'église. Ce bonheur lui coûtait. Dans les cinquante mètres qu'elle avait à parcourir, il lui fallait se reposer plusieurs fois. La compassion gagnait tous ceux qui voyaient passer cette jeune fille si bien née, brisée à la fleur de l'âge, rivée à une infirmité incurable.

Philomène n'ignorait pas ce que l'on se disait tout bas à sa rencontre. Plus d'une fois elle a répondu à ceux qui tentaient de lui donner des illusions : « Oh! je sais que je ne puis guérir. Les médecins n'ont pour moi aucune espérance. »

On ne se résigne pas, à dix-neuf ans, à rester sa vie entière estropiée et malade. Philomène espérait de Dieu ce que les hommes ne pouvaient plus même lui faire attendre. Elle priait le jour, elle priait le long de ses nuits tourmentées. Souvent, quand sa mère se levait au point du jour, elle avait déjà récité le rosaire.

Dès qu'elle connut Notre-Dame de Lourdes, sa prière l'invoqua. Il y avait, dans la paroisse de Chambreteau, un irrésistible désir de prendre part aux pèlerinages qui emportaient vers les Pyrénées, une à une, toutes les contrées de l'Ouest. M. le curé avait demandé une place parmi les Nantais. Philomène devait être du saint voyage et elle s'y préparait par une neuvaine. On ne put obtenir de billets. Le jour où fut annoncée la contrariante nouvelle, la jeune fille terminait sa neuvaine, faite à grand renfort de foi et de courage.

Neuf jours elle s'était traînée douloureusement aux pieds d'une statue de Notre-Dame de Lourdes qui a reposé dans la Grotte et touché à la roche sainte, et que l'on destine à une petite chapelle. Elle mouillait d'eau miraculeuse ses désespérantes plaies. Tant de foi, une confiance si énergique devaient être récompensées.

C'était un vendredi. Assise au coin du feu, Philomène a tout à coup l'idée de se lever et de marcher. Elle se lève et marche. L'inflammation était éteinte, trois grosses tumeurs se trouvaient effacées, l'énorme volume des tissus avait légèrement diminué, des esquilles qui commençaient à se montrer ne parurent plus. Mais la marche était pénible et périlleuse, même aidée d'un bâton. Ce n'était qu'à grand'peine qu'elle avançait sans les deux béquilles, et on craignait à tout moment une chute. Les articulations continuaient d'être inflexibles.

La population était émue. Ceux qui approchaient ordinairement l'enfant, émerveillés,

criaient au miracle. Le miracle définitif, il fallait
l'aller chercher ailleurs.

M. le curé avait négocié heureusement avec
Niort pour le pèlerinage national. Ils partirent,
quinze, de Chambreteau, emmenant Philomène.
On priait pour eux au village. Et eux, le samedi
5 octobre, avaient le bonheur de prier pour leurs
familles devant cette Grotte où tant de larmes
ont coulé. « Les trois jours de la manifestation,
écrit M. l'abbé Boucher, passèrent comme une
heure, une heure du ciel. »

Le dimanche, Philomène avait eu une recru-
descence de douleurs. Le lundi, à midi, nul changement ne s'était opéré dans l'état de la pauvre
infirme. Mais le moment était proche.

Quand il fut environ trois heures, Philomène,
aidée par Jeanne Tremblet, baignait une fois encore sa jambe malade dans l'eau miraculeuse...
Elle essaie le jeu de sa jambe...

Instantanément, les trois articulations se trouvent flexibles; le cou-de-pied, le genou, le haut
de la cuisse, tout joue... La jambe tortue et
raccourcie s'est rectifiée et étendue... Philomène
se précipite vers la Grotte. Ces quelques pas rapides sont douloureux. Elle dépose son bâton...
Plus de douleurs!... Pour la première fois depuis
cinq ans elle s'agenouille!

Deux médecins étaient là. Nous ignorons leurs

noms, mais une multitude de témoins les ont vus et entendus. Ils explorent la jambe, tout à l'heure si ravagée. Ils trouvent des cicatrices faites, tout en place... Ils disent, émus : « C'est un miracle ! »

La chère enfant était guérie ! Oui, bien guérie. On le vit le soir. M. le curé avait rassemblé tous ses paroissiens. Il multiplia les ordres à Philomène, sans pitié ni crainte. Elle alla, vint, monta, descendit..... Il pleuvait ; mais on n'y pensait guère. Philomène circula longtemps. Elle disait : « Je ne suis point du tout fatiguée, et la jambe qui était malade est plus forte que l'autre. »

Revenons tout de suite avec nos pèlerins à Chambreteau. On les attendait à l'entrée du bourg, près d'une grotte dédiée à l'Ange gardien. Par les portières, ils jettent la bonne nouvelle. Les mouchoirs s'agitent après eux et l'on entend retentir le cri : « Philomène est guérie ! Philomène est guérie ! »

Il y avait une petite foule au lieu où ils devaient descendre. A peine la voiture était-elle arrêtée, on entend des cris et des sanglots de joie... Philomène venait de sauter lestement à terre. Et elle était debout, entourée, pressée. Les femmes joignaient les mains ; on disait : « Quel miracle ! quel miracle ! Est-elle donc heureuse ! Oh ! qu'elle doit aimer la Sainte-Vierge !... » On vit des visages d'hommes baignés de larmes, d'autres pâlissaient; ils avaient la terreur des grandes émotions religieuses.

M. le curé parle d'entrer dans l'église. « A l'église, à l'église! » s'écrie-t-on. Tandis que les pèlerins se rangent, quelqu'un lui dit : « Mais les cloches?... » Les cloches sont mises à la volée. On lui demande de parler du pèlerinage, de raconter la miraculeuse guérison... Il veut entonner tout d'abord le *Magnificat*. Sa voix se perd dans les larmes. On continue le cantique d'action de grâces. D'autres, comme M. le curé, ne réussissent pas à pouvoir chanter. « En écoutant, écrit-il, je pensais au chant sublime du dimanche au soir, autour de la Grotte, chant du ciel sur la terre. »

Philomène rentra chez elle entre deux rangs de peuple et suivie de tous ceux qui, l'ayant vue, avaient besoin de la voir encore.

Le dimanche d'après, la miraculée fut reçue parmi les *Enfants de Marie*. Imaginez avec quel bonheur ses compagnes lui faisaient cortége. Le village n'avait pas été prévenu. Mais on devina et la foule se précipita sur leurs pas. Les larmes coulaient comme à l'arrivée.

Les béquilles de Philomène sont à Chambreteau, près de la statue de Notre-Dame de Lourdes, entourées de fleurs. Son bâton est resté dans la Grotte de Lourdes. Philomène va, vient, travaille intrépidement, comme si elle n'avait jamais été malade. Ni une douleur, ni un malaise, ni aucun sentiment de fatigue ne la font penser à sa jambe. Elle a couru, elle a même fourni d'assez longues carrières. On l'a envoyée porter des commissions à des distances de plusieurs kilomètres, dans le dessein d'éprouver sa guérison. La jambe résiste à tout.

Aucune expérience ne reste à faire.

L'opinion de la paroisse est unanime. Il n'est personne qui ne croie au miracle, et quelques-uns ont donné le meilleur témoignage de leur conviction. Il y a eu aux exercices de la retraite des hommes, à Saint-Laurent, près du tombeau du vénérable Louis de Montfort, des personnages qui ne les auraient point suivis sans l'ébranlement reçu de cette guérison.

La famille Simonneau n'est pas la seule de Chambreteau à bénir Notre-Dame de Lourdes. Plusieurs autres personnes racontent des faveurs personnelles.

Ah! c'est qu'en leur Vendée, ils l'aiment, la bienheureuse Vierge Marie! Il faudrait voir, le soir, les familles réunies récitant ensemble le chapelet.

En entrant dans la maison de ces paysans, presque tous petits-fils de héros, souvent votre œil rencontrerait, suspendu à la cheminée, le chapelet du laboureur, à la place où jadis on trouvait accrochées les armes après le combat.

M. l'abbé Boucher nous écrit :

« Nous irons, de notre paroisse, revoir Notre-Dame de Lourdes.

» J'ai lu ma lettre devant mes paroissiens au prône du dimanche ; je les ai priés de m'adresser leurs observations. J'ai attendu. Nulle réclamation ne m'a été faite. Je vous le répète, mon Père, tous sont convaincus du miracle. »

Nous nous sommes assis un soir au foyer de la famille Simonneau. La candeur virginale du visage de Philomène, le reflet de piété qui donnait à sa physionomie quelque chose d'angélique, ce que la mère nous disait de la patience et de la douceur de cette enfant, nous expliquaient aisément la prédilection de la Vierge qui avait choisi Bernadette pour ses sourires. Philomène sent la grâce qu'elle a reçue, elle en sera digne.

Quel accent de foi dans la parole de la mère ! Avec quelle verve elle nous racontait les plus petits détails de cette douce histoire ! Nous regrettions de ne pouvoir fixer, à mesure qu'ils passaient, les mots de sa langue pittoresque. Le père et deux jeunes gars, frères de Philomène, affirmaient vigoureusement et avec reconnaissance le miracle de Notre-Dame de Lourdes.

A ce foyer et devant ces témoins, en face de

Philomène qui marchait, droite et alerte, on ne pouvait que croire et bénir.

Nous avons entendu le docteur Moreau. Modeste, mais convaincu et fort, il nous disait qu'il attendait avec confiance toute contradiction des hommes de l'art. On va lire son rapport.

RAPPORT DU DOCTEUR MOREAU

Je soussigné Moreau (Henri), docteur en médecine de la Faculté de Paris, demeurant aux Herbiers (Vendée), certifie ce qui suit :

« La fille Philomène Simonneau, agée de vingt ans, demeurant chez ses parents, à Chambreteau, canton de Mortagne-sur-Sèvre (Vendée), d'un tempérament scrofuleux qui n'est pas unique dans sa famille, est atteinte, depuis plus de cinq années, d'une *nécrose* des os de la jambe droite. J'ai donné mes soins à cette malade dès le début de l'affection, qui d'abord n'offrait que les caractères d'une *ostéite* dont je n'ai pas tardé à reconnaitre la nature. Je n'ai jamais eu d'hésitation dans mon diagnostic, qui a pu être contrôlé par des confrères. La marche et les phénomènes ultérieurs de la lésion m'interdisent d'ailleurs le moindre doute sur la réalité de la nécrose scrofuleuse.

» J'avais, lors de mes premières visites à la fille Simonneau, il y a plus de cinq ans, annoncé

que la malade n'avait de chances de guérison
qu'après des souffrances très-longues et des accidents très-graves, et probablement au prix d'une
infirmité inévitable, l'ankylose de l'articulation
péronéo-tibio-tarsienne. Effectivement, la fille
Simonneau a constamment été clouée sur son lit
depuis cette époque. Il y a eu des abcès nombreux et successifs, des fistules en divers points :
des séquestres multiples et volumineux ont fini
par sortir péniblement. Les deux os de la jambe
droite ont été malades dans leur moitié inférieure, mais principalement le péroné, dont on
peut aujourd'hui très-facilement apprécier les
déformations. Cet os, normalement droit et lisse,
est anfractueux et bosselé ; il est tortueux, dans
sa direction, depuis son milieu jusqu'à la malléole externe.

» Je me souviens que, lorsque je soignais la
malade, tout le membre était incapable de mouvement volontaire ou communiqué, ce qui s'explique très-bien par l'énorme gonflement qui
existait, par la douleur, par la tension et le déplacement des muscles et de leurs tendons, et par
l'état inflammatoire de tous les tissus. Pendant
plusieurs années, la fille Simonneau n'a pu faire
le moindre usage de sa jambe droite ; et je me
souviens parfaitement aussi que le 11 mars 1872,
ayant été appelé à la soigner pour une affection

aiguë d'un autre genre, je ne pus la faire asseoir sur son séant afin de pratiquer l'auscultation, le membre inférieur droit étant raide et douloureux au point de ne se prêter à aucune flexion. Je n'attachai pas en ce moment grande importance à une maladie ancienne et chronique dont le traitement rationnel avait été fait, et se faisait toujours régulièrement, et dont le résultat prévu et inévitable, dans ma pensée, était l'ankylose, si jamais les suppurations devaient se tarir et les os nécrosés se purger.

» Depuis cette époque, je n'ai point revu la malade, qui, je l'avoue, n'avait aucun sujet de fixer spécialement mon attention, la science étant fort désarmée en présence de ces graves lésions, malheureusement trop fréquentes; d'ailleurs, il ne m'était pas donné de prévoir une guérison qui semblerait surprenante.

» Ayant eu occasion de voir aujourd'hui mon ancienne malade qu'on m'a dite guérie, j'ai examiné, avec tout le soin possible, son état. A première vue, j'ai été frappé de son apparence de santé, contrastant singulièrement avec la physionomie cacochyme que je lui avais connue. J'ai été assez surpris de la voir marcher à ma rencontre, ayant une allure gaie et svelte que ne sauraient tolérer une diathèse scrofuleuse dont je suis très-certain et une ankylose du pied.

J'ai exploré l'articulation autrefois malade et les plaies anciennes que j'avais constatées. J'ai pu me convaincre qu'il n'existait aucune trace d'ankylose de l'articulation péronéo-tibio-tarsienne. Les plaies qui s'étaient produites, à différentes époques, au-dessus de la malléole externe, sont entièrement, mais récemment cicatrisées; la couleur rose et la ténuité de la surface du tissu cicatriciel en sont la preuve, comme les cicatrices elles-mêmes sont et seront toujours les témoins indélébiles et caractéristiques de la lésion diathésique que j'ai reconnue. Aucune douleur ni à la pression, ni dans le mouvement. La peau est adhérente au péroné, et on suit tous les contours difformes et rugueux de cet os, dont on apprécie parfaitement les bosselures et les inégalités consécutives à l'élimination des séquestres et au travail de réparation.

» Il existe un volume plus considérable du cou-de-pied et de la moitié inférieure de la jambe, dû aux concrétions osseuses qui ont remplacé l'os normal, ainsi qu'au soulèvement conséquent des tendons et des aponévroses, mais sans gonflement œdémateux ni inflammatoire. Enfin, il m'est impossible de nier que la jambe de la fille Simonneau soit guérie, et guérie plus complétement qu'on ne pouvait l'espérer à la suite d'une si terrible maladie..

» En même temps, l'état général est très-bon. Il m'a été assuré, par la malade et ses parents, que depuis environ trois semaines les suppurations s'étaient terminées, ce qui concorde avec l'aspect des cicatrices, et qu'aussitôt la liberté du membre s'était manifestée. Or, l'époque de cette guérison coïnciderait, m'a-t-on dit, avec celle d'un voyage fait à Lourdes par la malade.

» La cicatrisation, surtout rapide et définitive, des tissus mous et osseux, est déjà un résultat qui me paraît bien étonnant, et que la science expliquerait très-péniblement. Mais l'ankylose vraie ou fausse, complète ou incomplète, guérissant si facilement et si promptement, me paraît inexplicable. J'affirme que l'ankylose vraie est absolument incurable par les ressources de la nature et de l'art. Cette ankylose a-t-elle existé dans le cas présent? Je ne puis le certifier, n'ayant pas eu occasion de la constater avant la guérison récente. Mais je suis moralement convaincu que l'ankylose devait exister *vraie* ou *fausse*. En effet, si l'on admet que l'ankylose *vraie* n'a pas été produite par la longue maladie et par la privation absolue de tout mouvement de l'articulation, pendant plus de cinq années, et qu'on ait eu affaire seulement à une ankylose *fausse*, qui est plus ou moins curable, je laisse alors à des maîtres plus habiles le soin d'expliquer, par les données de la science, comment une articulation si longtemps condamnée à l'immobilité, sans avoir subi l'ankylose vraie, a pu si rapidement et aussi complétement reprendre son jeu, en ne conservant aucun embarras dans sa souplesse, ni la moindre claudication dans l'allure d'une personne qui, pendant cinq ans, n'a pu faire usage de sa jambe droite. Si ma bonne foi peut rencontrer des sceptiques, si mon affirmation peut susciter des contradicteurs, je les invite, les uns et les autres, à vérifier par eux-mêmes les faits que j'ai racontés, et cela dans l'intérêt même de la vérité, que je crois servir; si mes assertions et mes observations sont reconnues fausses ou erronées, je passe condamnation.

» En résumé, mon opinion est que la fille Simonneau, à la suite d'une affection scrofuleuse très-grave de la jambe droite, devant provoquer une ankylose vraie ou fausse, en admettant une guérison naturelle, est en ce moment parfaitement guérie, sans aucune trace permanente autre que les cicatrices osseuses et cutanées, par conséquent sans *ankylose* ni *claudication*. Cette cure surprenante, que j'affirme, s'est en outre opérée avec une rapidité que ne comporte pas la lenteur ordinaire des guérisons dans le genre qui nous occupe. Je dois donc avouer avec toute sincérité, dans mon âme et conscience, que la

science médicale actuelle ne se prête pas à l'explication absolue de tous les phénomènes de
cette guérison, qui est authentique, et dont je n'ai
encore jamais constaté d'exemple analogue.

» Aux Herbiers, 20 octobre 1872.

» H. MOREAU, *docteur*. »

XXVII

Coxalgie. — Guérison de Marguerite Gehier.

De ces observations sur la maladie scrofuleuse, je passe naturellement à un cas important de *coxalgie* bien décrit par le médecin qui l'a fait connaître et dont j'emprunterai le récit.

Il faut savoir qu'on désigne sous ce nom une maladie du haut de la cuisse, de la hanche; affection complexe de l'articulation coxo-fémorale, dont les caractères anatomiques et physiologiques se rapprochent beaucoup de ceux des tumeurs blanches des autres articulations.

Cette maladie a reçu aussi les noms de *coxarthrocace*, de *hanche scrofuleuse*, parce qu'elle dépend dans un grand nombre de cas d'un vice scrofuleux, et celui de *luxation spontanée* ou de *luxation consécutive du fémur*, parce que le déplacement survient le plus souvent sans cause connue, et consécutivement à une maladie des surfaces articulaires.

Beaucoup de médecins croient que la coxalgie

est toujours le résultat d'une affection générale, et le plus ordinairement des scrofules.

Elle débute ordinairement par une douleur dans la hanche, d'abord sourde et profonde, et quelquefois même intermittente et erratique, puis vive et fixe, et se propageant surtout au genou.

Cette douleur, la claudication et l'allongement du membre, sont les trois principaux phénomènes de la première période. A l'allongement succède un raccourcissement plus ou moins considérable, avec tous les signes de la luxation en dehors et en haut. Le grand trochanter est porté en haut et en avant, le pied et le genou sont tournés en dedans; ou bien, au contraire, le grand trochanter est entraîné en haut par les muscles fessiers, le genou et le pied sont tournés en dehors; des abcès se forment dans l'articulation et dans son voisinage, et le malade finit ordinairement par succomber.

Le traitement de la coxalgie est nécessairement aussi variable que ses causes, sa nature et sa marche. Les moyens les plus énergiques, le feu surtout, doivent lui être opposés. Le malade doit être soumis à un repos absolu et aux traitements internes appropriés à la nature de l'affection.

Cette description peu étendue de la coxalgie doit cependant en faire comprendre toute la gravité et donner quelque idée des difficultés que la maladie oppose aux soins les plus énergiques de la science.

L'observation suivante mettra en relief l'efficacité puissante de l'eau de la fontaine de Lourdes contre une affection cruelle, persistant depuis plus de vingt ans :

« Rochefort-sur-Loire, le 4 février 1873.

» Mon Révérend Père,

» J'ai l'honneur de vous adresser ci-inclus un rapport sur une maladie chronique soignée par moi depuis vingt-sept ans et sur sa guérison instantanée, dans la Grotte de Lourdes, dite de l'Apparition, le 27 août 1872.

» Bien des fois déjà l'heureuse fille, qui a su apprécier les effets de l'intervention surnaturelle, m'a prié, dans sa reconnaissance, de vous envoyer l'historique de ses longues souffrances et de leur disparition si merveilleusement subite.

» J'ai voulu attendre jusqu'à aujourd'hui pour me prononcer sur les résultats de ce fait vraiment miraculeux.

» Veuillez, mon Révérend Père, m'accuser réception de mon rapport et agréer l'expression des sentiments bien respectueux avec lesquels j'ai l'honneur d'être votre très-humble serviteur.

» P. GALISSON. »

« La fille Géhier (Marguerite), âgée de cinquante-neuf ans, native et habitante de Rochefort-sur-Loire, arrondissement d'Angers, département de Maine-et-Loire, d'une constitution plus que lymphatique, je dirai mieux, scrofuleuse, fut atteinte dans sa jeunesse de diverses affections strumeuses, conséquence de son mauvais tempérament.

» Etant domestique, audit Rochefort, chez ma sœur, seule et célibataire, elle fit, dans l'année 1846, une chute qui amena à la suite des douleurs vives dans la région coxo-fémorale droite, qui la forcèrent de garder un repos complet pendant quatorze mois.

» Tous les signes d'une coxalgie du côté droit parurent alors ; et des douleurs aiguës de l'articulation fémoro-tibiale, symptôme pathognomonique de la coxalgie, existèrent pendant longtemps. Un repos prolongé, des applications de nombreux et larges cautères avec la pâte de Vienne sur le membre malade, produisirent, avec un traitement interne approprié à la maladie et au tempérament du sujet, un mieux qui lui permit de faire péniblement, pendant quinze ans, un service de domestique chez moi, exerçant la médecine dans la susdite commune de Rochefort-sur-Loire.

» Pendant ces quinze années, quoique cette

infirme fût déchargée de ce qu'il y avait de plus fatigant dans le travail de ma maison par un domestique attaché à mon service, les douleurs reparurent assez souvent dans le membre inférieur droit, malade déjà depuis si longtemps.

» Au mois de novembre 1868, le mal prit une plus grande intensité : gonflement considérable à la partie supérieure et externe de la cuisse droite, un peu d'allongement de ce membre inférieur, douleurs plus vives que jamais dans le genou, hydarthrose assez considérable ; repos absolu, au lit, obligatoire pendant huit à neuf mois, traitement de nouveau par des révulsifs actifs et l'emploi des préparations iodurées *intùs* et *extra*.

» Depuis quatre ans alternatifs de mieux et de pire, sortie de chez moi depuis ce temps-là et retirée chez sa sœur, après un long séjour au lit d'abord, elle est restée dans l'impossibilité de marcher sans le secours de deux bâtons, et, malgré ce secours, marche bien lente et bien pénible.

» A la suite d'engorgements du genou souvent revenus avec d'atroces douleurs dans cette partie, ankylose presque complète de l'articulation, impossibilité de se mettre à genoux de ce côté depuis quatre ans. Douleurs continuelles dans la région iliaque droite, qui produisent une insomnie à peu près complète pendant des laps de temps plus ou moins longs et rendent le sommeil bien pénible habituellement.

» Au mois d'avril 1872, des douleurs très-fortes réparaissent dans la hanche et une hydarthrose plus accentuée que jamais se manifeste avec des souffrances intolérables; des vésicatoires et des badigeonnages d'iodure de potassium et d'opium calment les douleurs et diminuent l'épanchement. Mais le genou reste beaucoup plus volumineux; l'ankylose est plus complète.

» Ce triste état restant stationnaire, le 25 août 1872, ladite fille Gehier part pour Lourdes en compagnie de quelques parents et amis. Beaucoup de personnes lui conseillaient de ne pas entreprendre un voyage aussi pénible, qui pouvait être dangereux et aggraver sa triste position.

» Cette pauvre fille, quoique ayant déjà fait plusieurs neuvaines à Rochefort, pour obtenir sa guérison ou du moins une amélioration de son mal par l'intervention de Notre-Dame de Lourdes, en qui elle a mis toute sa confiance, se décide à faire le lointain pèlerinage.

» Arrivée à la Grotte, dite de l'Apparition, le 27 août, elle se met de suite en prière et y reste pendant dix minutes sur les deux genoux sans la moindre difficulté, sans la moindre gêne, se relève, sent qu'elle peut marcher en s'appuyant sur ses deux jambes, sans le secours de ses béquilles. Elle portait depuis trois ans une genouillère en caoutchouc, pour comprimer l'articulation chroniquement affectée. Dans le trajet de la chapelle à la ville de Lourdes, cette genouillère, qui serrait habituellement le genou, ne tient plus et glisse au bas de la jambe. Elle la laisse à Lourdes, ne pouvant plus s'en servir.

» Elle repart de Lourdes, le surlendemain 29 août, avec ses compagnons de voyage.

» Le train arrive à Pau, deux heures et demie d'arrêt dans la gare de cette ville; malgré la défense de ses parents, elle se sent si à l'aise pour marcher qu'elle fait avec eux, sans bâtons et sans le secours d'aucun bras, l'ascension fatigante du château d'Henri IV.

» Pour rentrer chez elle, après être descendue du convoi à la gare de la Poissonnière, elle fait trois kilomètres à pied sans fatigue.

» Depuis ce retour à Rochefort, qui a eu lieu le 30 août, elle n'éprouve, affirme-t-elle, aucune douleur ni dans la hanche, ni dans le genou, ni dans la région iliaque droite, qui depuis fort longtemps offrait à l'examen une distension considérable et faisait craindre, à la palpation, des engorgements de ganglions de mauvaise nature.

» Cette partie inférieure droite de l'abdomen

est revenue tout à coup à son état normal. La souplesse et l'agilité de l'articulation fémoro-tibiale droite sont semblables à celles de la gauche. Le volume du genou droit est égal à celui du gauche; et le 30 août, l'état général de la fille Géhier, à son arrivée de Lourdes, était ce qu'il est aujourd'hui.

» Pour moi, qui ai suivi, comme médecin, cette pauvre fille depuis quarante-trois ans, je la croyais incurable pour le reste de ses jours avec le seul secours des moyens naturels.

» Je puis donc affirmer, avec connaissance de cause et dans la sincérité de ma conscience, que l'instantanéité de l'amélioration complète du mal chronique et compliqué, décrit ci-dessus, me met dans l'obligation de croire à une intervention surnaturelle.

» Après avoir attendu cinq mois, pour voir si les heureux résultats de ce fait merveilleux se maintiendraient, je me suis décidé à faire ce rapport, qui m'a été demandé et que réclament de moi ma foi pleinement éclairée et l'intérêt de la vérité.

» Rochefort-sur-Loire, le 30 janvier 1873.

» P. GALISSON,

» Exerçant la médecine depuis quarante-trois ans dans ladite commune. »

XXVIII

Anémie. — Trois guérisons.

J'arrive à un autre ordre de maladies, celles qui proviennent d'un vice de proportion du sang, d'un défaut de nutrition; maladies se prolongeant indéfiniment malgré les soins les plus intelligents, les précautions hygiéniques les plus minutieuses, et qui, après une durée de plusieurs années, ont trouvé promptement leur fin devant le sanctuaire de Lourdes.

Voici trois guérisons bien décrites et parfaitement certifiées par des médecins :

« Marguerite Bobe, de Queyrac (Gironde), dont la santé a toujours été très-faible, fut atteinte, il y a six ans, d'une crise violente, pendant laquelle elle éprouva des étouffements très-douloureux et une paralysie d'une partie du corps ; je lui administrai les derniers Sacrements. Elle garda le lit plusieurs semaines. Ces crises revinrent à peu près périodiquement presque tous les deux ou trois mois, pendant quatre ans environ, et produisirent les mêmes résultats. Elles étaient devenues, ce semble, moins violentes depuis deux ans; mais la malade, toujours très-faible, ne pouvait sortir de sa chambre, ni vaquer à aucun travail, malgré que sa piété modeste mais forte lui donnât une certaine énergie de volonté.

» A ces souffrances physiques venaient se joindre de grandes peines morales; et quoique non orpheline, Marguerite Bobe sentait chaque jour sa piété filiale soumise à de rudes épreuves. Enfin, se voyant interdire même les consolations religieuses, elle pria son médecin, le docteur Piffon, de venir la chercher dans sa voiture et de la transporter à l'hospice de Lesparre. Là, elle n'éprouva guère de mieux sensible pendant trois mois. Elle était même plus souffrante que d'habitude depuis huit jours, lorsqu'elle entendit parler du pèlerinage à Notre-Dame de Lourdes qui s'organisait en Médoc. Elle conçut aussitôt le désir d'y prendre part, et rien ne put désormais le lui faire abandonner. Portée à la Grotte de Lourdes, après un voyage de seize heures et une nuit d'insomnie et de souffrances, elle se plongea dans la piscine avec l'aide de la Supérieure de l'hospice de Lesparre, qui avait bien voulu l'accompagner.

» Une crise affreuse faillit l'étouffer, sans cependant lui ôter la confiance en Marie. Cette confiance ne fut pas trompée. Marguerite Bobe, entrée dans la piscine comme accablée par la souffrance et l'affaiblissement, en sort bientôt pleine de force et de santé. Elle ne prend pas le temps d'achever sa toilette, va nu-pieds porter sa béquille à la Grotte, revient se chausser près du Gave, où la foule émue des pèlerins l'accompagne et la questionne. Elle répond à tous, suit, tout le reste de la journée, sans aucun soutien ni la moindre fatigue, les exercices du pèlerinage, va plusieurs fois de la Grotte à l'église et de l'église à la Grotte, revient à Bordeaux, passe une deuxième nuit sans sommeil, fait en arrivant plus d'un kilomètre à pied sur le pavé de la ville, retourne à Lesparre, vient le lendemain me faire visite, monte d'un pas léger les escaliers du presbytère, montre enfin à tous que sa guérison est aussi complète qu'instantanée.

» Depuis deux mois, elle vaque à ses occupations et n'a jamais éprouvé la moindre atteinte du mal qui pendant six années avait paralysé toutes ses forces.

» En présence de ces faits, que je déclare exacts devant Dieu et les hommes, connaissant la piété calme et solide de Marguerite Bobe, je ne puis que proclamer la puissante bonté de Dieu et de sa sainte Mère, révéler ses œuvres, comme la

Sainte-Ecriture le commande, adhérer enfin de tout cœur au rapport si chrétien et si bien motivé de M. le docteur Piffon, par lequel je suis heureux de terminer ces quelques lignes. Le docteur Piffon a eu le courage de dire la vérité, à l'exemple des docteurs Dozous, de Lourdes, — Amadou, de Pontacq, — Poueymiro, de Mirepoix, — Filhol et Roques, de Toulouse, — Vergès et Chrestien, de Montpellier, — Bermont, de Bordeaux, et d'autres encore cités par M. Lasserre. Puisse cet exemple trouver des imitateurs, et ce simple récit, que je dépose aux pieds de Marie Immaculée dans son sanctuaire béni de Lourdes, éclairer et toucher ceux qui le liront!

» Lourdes, le 7 octobre 1872.

» GILLARD,

» Curé de Queyrac (Gironde). »

RAPPORT DE M. PIFFON, DOCTEUR-MÉDECIN

Je soussigné, docteur en médecine de la Faculté de Paris, demeurant à Lesparre, certifie comme exacts et étant à ma connaissance les faits suivants :

« La nommée Marguerite Bobe, âgée de quarante ans, domiciliée à Queyrac (Gironde), a été soignée par moi depuis plus de vingt ans pour une anémie mélangée d'accidents les plus graves. Depuis six ans, elle gardait le lit ou la chambre, et était complétement privée de l'usage de ses membres inférieurs. Sa faiblesse était si grande, qu'au commencement de cette année elle a été, sur mon conseil, transportée à l'hospice de Lesparre, et son état ne s'est point amélioré. Malgré sa piété ardente, elle ne pouvait même pas se rendre à l'oratoire de cet établissement, contigu à la salle où elle avait été recueillie.

» Le 4 août, Marguerite Bobe m'a fait connaître qu'elle avait l'intention de se rendre à Lourdes, afin de demander à Dieu ce que la science ne pouvait lui donner, sa guérison, ajoutant que, si elle ne pouvait l'obtenir, elle serait heureuse de mourir et d'être enterrée au pied de la Grotte.

» J'ai fait tous mes efforts pour la dissuader de ce projet, convaincu que j'étais que son état ne lui permettait pas d'entreprendre ce voyage devant durer deux nuits et un jour.

» Le 8 août, à mon grand étonnement, je l'ai vue venir dans mon cabinet, marchant et paraissant jouir de la meilleure santé. Elle me dit :

« Dieu m'a exaucée, je marche... J'ai entrepris » le voyage de Lourdes, et aussitôt après avoir » été plongée dans les eaux de la source miracu- » leuse, j'ai marché et je me suis sentie revivre. »

» Je dois ajouter que depuis elle fait de longues courses, se livre aux travaux intérieurs de l'hospice de Lesparre et paraît rendue à la santé.

» De tous ces faits il m'est impossible de ne pas conclure que la guérison de Marguerite Bobe a un caractère surnaturel que les données de la science ne justifient ni n'expliquent, et que, dans ma pensée, il faut l'attribuer à des motifs surhumains.

» Lesparre, 3 octobre 1872.

» PIFFON, *docteur-médecin.* »

Il y a environ trois ans, Mlle Louise Gibert ressentait les premières atteintes de la maladie dont nous allons raconter la guérison merveilleuse. Cette infirmité consistait dans une absence complète d'appétit et dans un état de faiblesse générale qui l'empêchait de se soutenir et de faire un seul pas sans le secours d'un bras étranger.

Tout, dès le début, fut mis en œuvre pour combattre le mal, et tout demeura inutile. Un voyage même de deux mois à travers les plus riantes contrées de la Suisse, loin de ranimer dans la malade l'appétit disparu et les forces presque éteintes, ne fit qu'ajouter à sa grande faiblesse et à sa lourde fatigue.

Onze mois s'écoulèrent, et soudain la situation parut s'améliorer ; l'estomac et les jambes recommencèrent leurs fonctions normales ; mais ce rétablissement fut loin d'être complet et surtout de longue durée. Vers le mois de février, le mal reprit malheureusement tout son empire. Cette rechute inspira de vives alarmes ; car, aux fâcheux symptômes survenus dans la première période, s'ajoutait une toux incessante qui, au dire des médecins, constituait une complication des plus graves dans l'état de la malade.

Tous les soins et tous les traitements recommencèrent dès lors, sans plus de succès que précédemment : le moral de la pauvre malade en fut vivement affecté. Un marasme dont rien ne pouvait la distraire, un dégoût universel, des larmes presque continuelles, tel était son état au commencement du mois de juin. A bout de ressources, les médecins lui conseillèrent fortement la distraction des voyages ; mais le mortel dégoût qui la travaillait, ainsi que les résultats purement négatifs du précédent voyage, lui firent rejeter bien loin cette proposition chanceuse.

C'est dans ces circonstances si cruelles que le père de la jeune personne entre un soir dans l'église de la paroisse, pour demander à Dieu d'adoucir la peine de son cœur. On était au mois de mai, qui est le mois de Marie, et c'était l'heure pour la réunion du soir. La lecture roula sur un miracle accompli au rocher dix-huit fois consacré de Lourdes ; et l'objet de cette insigne faveur

était un enfant travaillé à peu près du même
mal qui lentement faisait mourir sa chère enfant.

Cette coïncidence le frappe ; il croit y voir
l'augure d'une faveur semblable. Aussi, de retour
au milieu des siens, il n'eut rien de plus
empressé que de manifester ses pressentiments
et ses espérances.

Le pèlerinage à Notre-Dame de Lourdes fut
résolu, encouragé par une amie de la malade,
accueilli par cette dernière avec joie et avec un
grand espoir de guérison.

Déjà le jour du départ est fixé. Mais qui n'ad-
mirerait ici les desseins de la Providence ? Pour
arriver au lieu tant souhaité, il fallait traverser
les eaux d'Amélie-les-Bains, dont on avait à l'envi
vanté l'efficacité à la famille ; on essaiera donc
de la vertu des eaux.

Dieu le permit ainsi pour manifester davantage la puissance et la bonté de Marie. Ce séjour
à Amélie, au lieu d'améliorer l'état de la malade,
l'aggrava très-sensiblement. Sur l'avis d'un
docteur de Marseille, M. Dugas, qui se trouvait
par hasard en ces lieux, on se mit immédiatement
en route pour la Grotte de Lourdes, où l'on
arriva le 30 juin au soir.

C'était un dimanche.

Trop fatiguée pour se rendre de suite à la
Grotte, la pauvre malade fut obligée de prendre

quelques heures de repos et de différer sa visite jusqu'au lendemain. Encore la voiture dut-elle la prendre à l'hôtel pour la conduire au lieu de l'Apparition ; on la porta ensuite plutôt qu'elle ne se traîna vers la grille où les pèlerins ont coutume de s'agenouiller.

Ici laissons-la parler elle-même. C'est à elle de nous révéler ce qui se passe au cœur dans ce doux moment où l'enfant qui souffre tombe aux pieds de Celle qui est la Mère de toutes les douleurs.

« Je ne puis dire, écrivait-elle quelques jours après, l'indicible émotion que j'éprouvai en saluant la blanche Madone. Force me fut de fondre en larmes en présence de tout le monde. Je restai longtemps en prière, appuyée contre la grille, et de tout mon cœur je suppliai la Vierge-Immaculée de me guérir. Bientôt après, je m'approche de la fontaine miraculeuse ; pleine de confiance, je bois deux verres de cette eau qui rend aux malades la santé et la vigueur. Une voix semblait me dire : « Tu ne seras pas encore » guérie ; » mais dans le fond de mon cœur, j'étais intimement persuadée que ma bonne Mère me guérirait. »

Après avoir ainsi répandu toute son âme, la malade retourne à l'hôtel avec sa famille. L'heure du déjeuner arrive ; on se met à table. A son grand étonnement et à la surprise de tous les siens, elle mange avec appétit et avec délices de tous les mets qui lui sont offerts.

C'était plus que le prélude de la grâce sollicitée, et ce commencement de guérison était d'autant plus extraordinaire, que ce jour même, avec l'absence d'appétit, disparaissait encore pour toujours cette toux qui inquiétait tant les hommes de l'art.

Une vive reconnaissance pour la grâce déjà obtenue et une entière confiance pour des faveurs plus grandes et complètes, tels furent les sentiments qui, le lendemain, mardi, ramenèrent nos pieux pèlerins à la Grotte des miracles. O coïncidence merveilleuse ! c'était le 2 juillet, fête de la Visitation de la Sainte-Vierge ; Marie ne pouvait ne pas sourire à un enfant qui venait de si loin pour la visiter.

Après quelques instants de prière, elle va se baigner dans la piscine ; elle en sort plus forte qu'auparavant, et, au prix de quelques efforts, elle peut faire quelques pas. Sa prière monte plus ardente. Elle ne doute nullement que Marie ne veuille mettre sa foi à l'épreuve. Aussi insistera-t-elle jusqu'à complète guérison ; elle descend une seconde fois dans la piscine, plus confiante que jamais. A la suite de cette immersion et de frictions opérées avec l'eau de la source miraculeuse, une vie nouvelle circule dans ses membres ; et ses jambes, jusqu'alors retenues dans la captivité d'une cruelle maladie, peuvent se soutenir et avancer d'elles-mêmes.

Enfin, cette même eau prise par boisson soulage radicalement l'estomac et déracine la toux ; employée en lotions, elle fait disparaître victorieusement la paralysie des jambes.

Au comble de ses vœux, elle alla sans tarder, ce jour même, offrir en actions de grâces à la Vierge-Immaculée un cierge allumé, symbole de l'ardente prière qui brûlait dans son âme !

La neuvaine de messes projetée pour obtenir la guérison se changea en une neuvaine d'actions de grâces. En outre, comme la jeune miraculée avait promis de revêtir la blanche robe et l'écharpe d'azur, elle s'arracha de la Grotte bénie, parée de ces symboliques livrées, emportant dans sa famille, avec tous ses parfums de l'amour de Marie, la joie et le bonheur d'une reconnaissance éternelle.

Oui, Vierge de Lourdes, vous êtes le salut des infirmes, *salus infirmorum.*

ATTESTATION DU DOCTEUR FAVRE

Je soussigné, professeur-adjoint de clinique interne à l'École de médecine, médecin en chef des hôpitaux, certifie avoir reçu, vers le 15 mai

1872, la visite de M. Gibert, éploré sur la santé de sa fille Louise, qui présentait de nouveau les symptômes d'une maladie grave dont une première atteinte n'avait cédé qu'avec peine et incomplétement à un traitement de onze mois.

A partir de cette époque, j'ai donné mes soins à Mlle Gibert, âgée de vingt-quatre ans, chez qui j'ai eu à combattre les phénomènes suivants :

Inappétence très-prononcée avec inertie du tube gastro-intestinal; — anémie accompagnée d'atonie générale avec une telle faiblesse dans les membres inférieurs qu'on était obligé de la porter dans les escaliers de son appartement; — abattement moral avec indifférence pour toutes choses; — toux fréquente, fatigante, sans signes physiques positifs à l'auscultation, mais accompagnée d'abondantes sueurs nocturnes.

Après un traitement complexe dont l'eau de la Bourboule prise à domicile et les toniques ont été la base, et dont les résultats furent peu sensibles, la malade témoigna le désir d'aller faire un voyage à Notre-Dame de Lourdes, et ce projet fut mis à exécution.

Je dois ajouter qu'à son retour, Mlle Gibert ne m'a plus présenté aucune trace des symptômes indiqués, et que, chez elle, la santé était pleinement revenue.   Dr FABRE.

Marseille, 9 août 1872.

ATTESTATION DU DOCTEUR DUGAS

Vic-sur-Cère (Cantal), le 2 août 1872.

Mon cher ami,

Il m'est bien facile de répondre à votre lettre et de vous donner les renseignements exacts et véridiques que vous me demandez.

Vous savez que depuis que j'ai abandonné l'exercice de la médecine active, je m'occupe d'études et de recherches hydrologiques. J'ai visité cette année pendant le mois de juin les stations minérales des Pyrénées-Orientales. A Amélie, j'eus la bonne fortune de rencontrer Mme Gibert; je n'ai pas besoin de vous dire avec quel plaisir je revis cette ancienne cliente, femme d'un de mes bons amis; mais ma joie fut tempérée, car je la trouvais inquiète, très-préoccupée de l'état grave de sa fille, qui avait commencé sa cure. Comme cette jeune personne était trop faible pour la conduire chez moi, elle me pria d'aller la voir et de lui donner mes conseils.

Je lui fis, en effet, deux visites assez prolongées. Je pus constater que Mlle Gibert présentait un état d'amaigrissement squelettique, qu'elle était d'une faiblesse extrême, pouvant à peine rester debout et faire quelques pas, qu'elle avait une horreur profonde pour les aliments, qu'elle était tourmentée par une toux très-fatigante,

17

qu'elle éprouvait des paroxysmes de fièvre; enfin je fus peu satisfait des résultats fournis par l'auscultation de la poitrine.

Après cet examen minutieux, je n'eus pas de peine à comprendre vos angoisses, celles de sa mère et les recommandations de prudence sur lesquelles insistait votre médecin ordinaire, et je dis à Mme Gibert :

« On a conseillé un changement d'air à mademoiselle votre fille, vous avez suivi les bords de la Méditerranée et vous vous êtes arrêtées dans un climat au moins aussi chaud que celui de Marseille, — atmosphère et chaleur sont les mêmes, vous êtes dans une position identique à celle du point de départ, rendue plus mauvaise encore par l'emploi de douches exténuantes et l'usage intérieur d'une eau sulfureuse chaude, chez une personne qui ne se répare pas par l'alimentation, — il n'est pas étonnant de voir chaque jour la situation s'aggraver.

» En l'état, ce que vous avez de mieux à faire, c'est de quitter Amélie et de donner sans retard satisfaction aux sentiments de foi et de piété de votre fille, qui vient encore de nous affirmer, avec la plus grande énergie, que tous les remèdes lui feront du mal et qu'elle ne guérira qu'à la Grotte miraculeuse de Lourdes; et puis, comme vous ne pourrez pas prolonger votre séjour et que mademoiselle votre fille sera trop faible pour faire des excursions dans les Pyrénées, vous suivrez les grandes voies pleines de secours et de ressources dont vous pouvez avoir le plus grand besoin; vous irez à Pau, Bayonne, Bordeaux, et vous vous reposerez sur les plages de l'Océan; c'est tout ce que vous pouvez entreprendre, un voyage plus long serait impossible et dangereux. »

Voilà, à mon avis, ce qu'indiquaient la science et la prévoyance humaines, qui étaient loin de donner des assurances pour l'avenir.

On vous communiqua mon opinion : en bon père et en bon chrétien, vous répondîtes de suivre exactement mes prescriptions; je fus témoin de la joie éprouvée par votre fille à la réception de votre dépêche.

Ici s'arrête naturellement mon récit; votre bonne lettre m'apprend la guérison subite, imprévue, spontanée de mademoiselle votre fille, opérée en quelques minutes à la Grotte bénie de Lourdes. Je remercie Dieu du fond du cœur, au milieu des misères de la vie présente, de vous avoir donné cette marque de protection spéciale.

Vous pouvez faire de ma lettre l'usage que vous jugerez convenable; elle est l'expression exacte de la vérité.

Recevez, mon cher ami, l'assurance de mes

sentiments de vive affection et d'entier dévouement.

Dr DUGAS,

Chevalier de la Légion d'honneur, etc.

« Très-Révérend Père,

» Gloire à Dieu et reconnaissance à Marié!

» Le pèlerinage de Bressuire et Niort (Deux-Sèvres et diocèse de Poitiers) ne fut pas plus tôt annoncé dans la religieuse contrée connue sous le nom de Vendée militaire, qu'un élan irrésistible s'empara de nos pieuses populations et les conduisit au sanctuaire vénéré de la Vierge-Immaculée, Notre-Dame de Lourdes.

» La paroisse de Saint-Pierre des Echaubrognes raviva sa foi antique et députa plus de vingt de ses enfants pour aller, en leur nom et en celui de la paroisse entière, rendre leurs hommages à la Reine du Ciel et prier pour eux, leurs familles, la France et l'Eglise. Les vœux de tous nous accompagnaient et devaient sinon être totalement exaucés, du moins l'être dans des conditions telles, que la bienveillance de notre Mère se manifestait de la manière la plus évidente à notre égard, dans la personne de Marie Tisseau, âgée de vingt-quatre ans. Cette jeune personne, l'aînée de dix enfants, appartient à une famille chrétienne, faisant généreusement à Dieu le sacrifice de ses enfants; cinq sont déjà consacrés à Dieu pour la vie religieuse, ou y aspirent par leurs études dans les séminaires.

» Quant à l'aînée, elle eût déjà fait sa consécration au Seigneur et renoncé au monde, si la maladie ne l'eût retenue forcément à la maison paternelle. A l'exemple des frères Saint-Bernard, elle voyait partir un frère, une sœur successivement et reconnaissait que le partage n'était pas égal; elle se contentait dès lors de soupirer; mais elle ne murmurait pas. Elle disait : « Que la volonté de » Dieu soit faite et non la mienne; » et elle espérait toujours contre toutes les apparences humaines. Atteinte d'une maladie d'estomac depuis trois ans, elle ne pouvait retenir pour la soutenir aucun aliment et pas même les breuvages les plus légers. Tout ce qu'elle prenait était rendu à quelques minutes seulement d'intervalle. Aussi, malgré les soins les plus assidus de ses parents et des médecins, comme une jeune plante atteinte par un ver à sa racine, la voyait-on languir et descendre insensiblement vers la tombe. Dans cet état, elle mettait sa confiance en Dieu, ne diminuait rien néanmoins de ses pratiques religieuses, et la sainte Eucharistie était la seule chose qu'elle pouvait conserver.

» La semaine qui précéda notre départ, elle était au lit et mourante; on essaya de la détourner

de son pieux dessein en lui disant que certainement elle mourrait par les chemins. « Que m'im-
» porte, disait-elle, de mourir ici ou dans les
» wagons? J'ai promis d'aller à Lourdes et j'irai,
» vivante ou morte; mais j'ai confiance que Marie
» Immaculée me guérira et que je reviendrai en
» santé. » Devant une telle volonté, il fallait s'arrêter et se résigner; le pasteur ne pouvait pas
s'empêcher d'assumer sur lui les préoccupations
d'un fatigant voyage, de près de quatre cents
lieues, aller et retour, et de se précautionner
contre toutes les éventualités.

» La veille du départ, un peu de mieux se fit
sentir, sa mère la conduisit à la gare de Châtillon-
sur-Sèvre, où nous allâmes la rejoindre. Jusqu'à
Lourdes son état fut à peu près le même, et
aucune nourriture ne put rester dans son estomac ; elle voulut faire, dès son arrivée, la
sainte communion, malgré les fatigues et l'heure
avancée. Marie devait avoir pour agréable une
volonté si ferme, et le Seigneur l'exauçait. Ayant
pris un peu de nourriture après avoir reçu son
Dieu, les accidents furent les mêmes que les
jours précédents. Elle avait hâte d'aller à la
Grotte et de s'y désaltérer à la source miraculeuse. O prodige! elle boit à longs traits de cette
eau bienfaisante ; elle la conserve et elle va
prendre d'autre nourriture, elle est guérie. Elle,

mourante les jours précédents, peut se rendre
à la Grotte à pied plusieurs fois le jour, et dès
l'instant même suivre ses compagnes partout où
elles vont. Elle revient chez elle et semble beaucoup moins lasse que ceux qui, en bonne santé,
l'avaient accompagnée. Guérie au 27 du mois
d'août 1872, c'est au 27 du mois de mai 1873
qu'elle vient remercier elle-même Marie, sa mère
et la nôtre, qui lui a rendu la santé. Gloire à Dieu
et reconnaissance à Marie !

» J'ai l'honneur d'être, Très-Révérend Père,
votre serviteur très-humble.

» S. RIVIÈRE,
» Curé des Echaubrognes. »

« Je, soussigné, docteur-médecin à Maulévrier,
certifie de tous points conforme à la vérité la
relation de l'autre part de M. le curé des Echaubrognes, concernant Marie Tisseau.

» DESORMEAUX,
» Docteur-Médecin, P.

» Maulévrier, 24 mai 1873. »

XXIX

**Maladie du foie, goutte, etc. — Rosine Ollivier,
du Puy (Haute-Loire).**

Je poursuis l'étude de maladies graves, traitées
sans résultats utiles par les médecins, et guéries
fort rapidement par l'eau de la fontaine du sanctuaire de Lourdes.

Voici des cas de guérisons qui me paraissent
bien dignes, à cause de plusieurs maladies réunies en même temps sur le même sujet, de fixer
l'attention des lecteurs sérieux et surtout des
hommes voués à la pratique de la médecine :

« Gloire, amour à Notre-Dame de Lourdes !

» J'eus le malheur de perdre ma mère le 16 décembre 1863; le violent chagrin que j'en éprouvai
ébranla ma santé, et quelques soins que j'aie pu
prendre pour la rétablir, je n'y ai pas réussi. La
mort de mon père, arrivée quatre ans plus tard,
en 1867, mit le comble à ma douleur. Une maladie du foie se déclara, et pendant cinq ans j'ai
souffert de ses conséquences. Coliques hépati-

ques, coliques néphrétiques, graviers rendus
avec d'affreuses douleurs, goutte aux pieds et
aux genoux, telle est la nomenclature des maux
que je devais supporter.

» Il y a trois ans, la goutte me monta au cœur,
et un traitement des plus énergiques fut employé
pour me sauver la vie. Traitée par d'habiles
médecins, qui ne m'avaient pas dissimulé la
gravité de mon mal, je suivais minutieusement
leurs prescriptions. Je me rendais deux fois par
an à Vichy et faisais deux saisons de traitement,
ce qui ne m'empêchait pas de souffrir et de rester
malade au lit une grande partie de l'année.. Mon
état empirait; j'avais le teint jaune, la région du
foie dure et grosse, le rein droit enflé.

» Dans cette pénible situation et sous l'influence d'une crise hépatique, la goutte commen-
çant à se faire sentir dans l'estomac, épuisée de
souffrances et n'éprouvant plus de soulagement
des remèdes humains, je me sentais anéantie,
quand la Providence m'envoya la visite du bon
docteur Arnaud, une visite d'ami. Je lui expli-
quai mes souffrances et les moyens employés
inutilement pour les soulager.

» Le docteur me dit : « Je n'ai rien à ajouter à
» ce qui vous a été ordonné de faire. Pourquoi
» ne vous adresseriez-vous pas au bon Dieu par
» l'intercession de quelque saint? Il s'opère à

» Lourdes des choses merveilleuses; allez-y, vous
» y trouverez peut-être votre guérison. Dans tous
» les cas, si vous pouvez supporter la fatigue du
» voyage, il ne peut que vous faire du bien. »

» Je m'occupai tout de suite de ce voyage conseillé par le docteur. Réveillant dans mon cœur
ma confiance en la Sainte-Vierge, je partis le
17 janvier 1873, sans être accompagnée, quelle
que fût ma faiblesse, ne voulant d'autre protection que celle de Notre-Dame, et lui disant :
« Sainte-Vierge, si vous voulez me guérir, je
» n'ai besoin de personne. » J'avais cessé de faire
des remèdes. Le voyage dura trois jours, pendant lesquels je souffris beaucoup. Arrivée à
Lourdes, je me fis conduire au couvent de l'Immaculée-Conception. La Sœur portière fut si
frappée de mon air de souffrance qu'elle alla
annoncer à madame la Supérieure une dame
très-malade.

» J'arrivai à sept heures du soir, le dimanche.
Le lundi matin, je m'empressai de me rendre à
la Grotte, où je priai la Sainte-Vierge de vouloir
me guérir; j'y revins l'après-midi. Je parlai au
P. Duboé, missionnaire, et le priai de me diriger
pendant une petite retraite. — « Mon enfant, me
» répondit-il, je le veux bien; et si la Sainte-
» Vierge ne veut pas vous guérir, ce sera une
» préparation à la mort. » — Je lui dis encore :

« Mon père, je désire beaucoup me plonger dans
» la piscine; mais le docteur me l'a défendu;
» tout au plus, m'a-t-il dit en partant, trempez-y
» les pieds, pour satisfaire votre dévotion. —
» Eh bien! me dit le Père missionnaire, faites
» ainsi qu'il vous est ordonné. Je peux vous
» affirmer toutefois que, depuis longtemps que
» je suis ici, je n'ai jamais vu que quelqu'un se
» soit mal trouvé de s'y être plongé. Priez Marie
» et vous ferez ce qu'elle vous inspirera. »

» J'allais donc tous les jours prier, soit à la
Grotte, soit à la Crypte. Enfin, le jeudi, je me
sentis fortement pressée de me plonger dans la
piscine. Je le dis à la Supérieure du couvent, qui
ne me détourna pas de cette idée. Le vendredi
matin, après avoir fait la sainte communion à la
chapelle du couvent, je me décidai à aller à la
Grotte. Ce jour-là, j'étais plus souffrante qu'à
l'ordinaire. J'avais passé une mauvaise nuit. Je
croyais même ne plus me relever; mais la Sainte-
Vierge voulait que j'allasse à la piscine.

» Aidée de deux bonnes Sœurs, je me rendis à
neuf heures du matin à la Grotte. Etant tombée
à genoux aux pieds de la statue de Marie, je dis
une dizaine du chapelet, et j'allai me disposer à
me mettre dans l'eau miraculeuse. Le temps
était humide, les Sœurs s'assurèrent s'il y avait
du feu chez le portier pour me réchauffer

à ma sortie de l'eau, s'il en était besoin. Je quittai, pour ne plus le reprendre, le coton qui depuis quelque temps m'enveloppait l'estomac et toute la région du foie.

» Lorsque je mis mes jambes dans l'eau, je ressentis des douleurs si aiguës, que je poussai des cris sans pouvoir m'en empêcher. Je crois qu'il n'est pas possible de souffrir davantage. Les Sœurs qui me soutenaient voyaient ma figure changer à tout instant; elles étaient effrayées de mon état et priaient pour ma guérison. Je restai quatre minutes dans cet état; elles me parurent un siècle. Les douleurs disparurent subitement; l'eau, qui me semblait être glacée, ne fut plus qu'un bain tiède.

» Je voyais mes jambes guéries ; je voulus me plonger tout entière; mais la respiration me manquait, quand j'essayais de le faire. Je me tournai du côté de la statue de Marie et je lui dis : « Vous avez guéri mes jambes, achevez » votre ouvrage; vous voyez bien que ces bonnes » Sœurs ne peuvent pas me soutenir si long- » temps!. »

» Après cette prière, je m'assis sans peine dans la piscine et je m'y trouvais si bien, que je n'aurais pas voulu en sortir. Je me mis à genoux dans la piscine et je récitai le *Souvenez-vous*. Je sortis sans éprouver la plus légère fatigue.

Je me sentais toute changée; il me semblait que je sortais d'un autre monde. Les bonnes Sœurs voulaient m'aider à m'habiller; mais je les dispensai de ce soin. J'étais plus forte qu'elles-mêmes. Je me mis à genoux devant la Sainte-Vierge pour la remercier avec effusion de son secours si évident, et je me rendis au couvent.

» Dans la même journée, je fis sans fatigue une promenade très-longue, malgré une pluie torrentielle.

» Deux jours après, je quittai la Grotte de Lourdes, non sans regret; j'y laissai ma pensée et mon cœur, et je m'en allai avec l'espérance d'y revenir. Mon voyage de retour fut heureux. Dans les hôtels qui m'avaient reçue à mon premier passage, on ne voulait pas croire que je fusse la même personne, tant j'avais un air de bonne santé. A mon retour dans mon pays, même surprise, mêmes exclamations.

» C'est le 24 janvier 1873 que je me suis plongée dans la bienfaisante et miraculeuse piscine. Depuis ce moment, j'ai été guérie. Je n'ai eu depuis ce jour, heureux pour moi, aucune atteinte de mon ancienne maladie, et tout mon organisme a repris l'état normal de la santé.

» Au mois d'avril 1873, je voulus faire constater ma guérison par un docteur qui m'avait vue malade. Jusque-là, je m'étais contentée d'être

heureuse de ma guérison. M. le docteur R...
examina soigneusement le siége des maladies
que j'avais eues, et il m'assura qu'il n'en restait
aucun indice. Il me dit : « Vous pouvez remer-
» cier la Sainte-Vierge. » Et un jour que j'étais
chez lui, il dit à Mme R... et à une autre dame :
« Mademoiselle est vraiment une malade guérie
» miraculeusement à Lourdes. »

» Toutes les personnes qui m'ont vue malade,
et qui me voient maintenant, ne peuvent pas
dire autrement.

» C'est afin de témoigner ma reconnaissance
envers la Sainte-Vierge que je vous écris cette
relation, afin que vous ayez la bonté de l'insérer
dans les *Annales de Notre-Dame de Lourdes*. Je
désire, par cet acte, rendre grâces à l'auguste
Reine Immaculée, à cette Vierge toute-puissante
qui protége ceux qui recourent à Elle dans leurs
besoins.

» Je me prosterne aux pieds de Notre-Dame
de Lourdes, et je reconnais avec toute l'effusion
de mon cœur, qu'à elle seule je dois ma guérison.

» Le Puy, 24 janvier 1874.

» Rosine OLLIVIER. »

Dans l'observation qu'on vient de lire, que de
maladies graves atteignant à la fois un pauvre

corps affaibli, d'abord par des peines morales, vives et persistantes, envahi ensuite par une inflammation de tout le foie, par la gravelle, par la goutte, cruellement tourmenté par les douleurs atroces que produisait le passage des graviers au travers des urétères, et par tous les accidents inséparables d'une goutte remontée, fixant ses effets sur le cœur !

Il a fallu que la malade fût douée d'une force de résistance peu commune, pour échapper à tant d'accidents morbides réunis. La médecine, il faut le dire, avait souvent conjuré tous les dangers compromettant immédiatement la vie : c'est tout ce qu'elle avait pu faire. L'eau de la fontaine a été plus puissante, elle a détruit les dangereuses maladies qui affectaient Mlle Ollivier et l'a rendue à une santé parfaite, qui s'est maintenue depuis.

XXX

Hydropisie. — Madame veuve Ancelin, de Nantes.

L'observation suivante se recommande d'elle-même à l'attention des médecins, à cause de l'altération grave du cœur et des accidents consécutifs qu'elle avait produits, et qui certainement, sans l'eau de la Grotte de Lourdes, auraient produit la mort.

Mme Ancelin, née Morillion, âgée de cinquante-neuf ans, habite Nantes, rue Saint-Clément, 83 ; elle perdit son mari il y a sept ans. Sa santé, déja très-altérée depuis plusieurs années par les chagrins et les souffrances, fut de plus en plus compromise par de nouvelles épreuves. Aux douleurs d'un ancien rhumatisme, se joignirent des palpitations, des suffocations, des sueurs très-abondantes et des fièvres réglées ; sa constitution était entièrement usée.

Au mois d'avril 1869, l'enflure des pieds et des jambes, des mains et de tout le corps, accompagnée de tous les autres symptômes, annonça une hydropisie des plus graves. Elle fut obligée de garder le lit pendant cinq mois. Lorsqu'elle pouvait se lever, elle marchait péniblement dans sa chambre avec des béquilles.

On put néanmoins la transporter en voiture à Sainte-Anne d'Auray; et ce pieux pèlerinage diminua ses souffrances, en laissant à la maladie toute sa gravité. Depuis lors, elle pouvait marcher avec le double appui d'un bras et d'une canne; mais l'hydropisie existait toujours avec ses souffrances et son dénouement fatal.

Mme Ancelin n'avait de consolation que dans ses sentiments religieux. Le merveilleux mouvement des pèlerinages avait remué la ville de Nantes. Mgr Fournier conduisit à Lourdes, le 24 septembre 1872, un de ces grands et glorieux pèlerinages qui feront époque dans l'histoire de la Patrie et de l'Église.

La pauvre hydropique avait ardemment désiré d'être admise au nombre des pèlerins. Elle ne fut consolée qu'en apprenant la formation d'un second pèlerinage pour le 8 octobre. Elle s'empressa de demander d'en faire partie. Tous la blâmèrent et s'y opposèrent, en particulier son médecin et son confesseur. — On serait obligé de la laisser en route; elle mourrait en chemin ; c'était témérité, folie... « Peu m'importe, disait-

» elle, de mourir ici ou ailleurs! Si je n'allais
» pas à Notre-Dame de Lourdes, je ne m'en
» consolerais jamais. »

Sa résolution était invincible. Mais où trouver
une compagne indispensable en son état, une
personne charitable qui eût le courage de se
charger de cette infirme? Sœur Marthe, la petite
Sœur des pauvres, qui la soigne depuis longtemps, ne recule pas devant cette œuvre de
miséricorde. Malgré tout ce qu'on peut dire pour
l'en détourner, elle se charge d'accompagner
Mme Ancelin à Lourdes.

Le 8 octobre arrive enfin. Une voiture vient
chercher la patiente dans son domicile et la
transporte à la gare de Nantes. On l'aide à monter très-péniblement dans le wagon numéro 8 de
troisième classe. Les pieds enflés de l'hydropique ne pouvaient tenir dans leur énorme chaussure; il fallut quitter la chaussure, sans pouvoir
la reprendre durant ces longues heures de
chemin de fer. Les fatigues et les douleurs
furent grandes. Quand on arrivait aux stations,
les compagnes de voyage descendaient; Mme Ancelin ne put jamais descendre jusqu'à Lourdes.
Tous éprouvaient pour elle une profonde compassion.

Enfin, on touche la terre promise. « Lourdes!
Lourdes! » s'écriaient les joyeux pèlerins des-

cendant rapidement de leurs wagons. On aida
l'hydropique à descendre du sien et à monter
dans une voiture qui la conduisit à l'église de la
Grotte. Epuisée de fatigue, elle s'assit à l'entrée,
au premier banc à gauche, entendit la messe, et
puis descendit péniblement jusqu'à la porte de
la chapelle de la Crypte.

« Sœur Marthe, allons à la Grotte. — C'est
impossible, Madame, fatiguée comme vous
l'êtes. » Et la bonne Sœur se rend à Lourdes
chercher un gîte pour la nuit.

La Grotte!... Comment aller à la Grotte? se
disait la pauvre infirme. Une bonne dame veut
bien lui prêter l'appui de son bras; elle descend
à la Grotte avec une peine extrême.

Un Carme prêchait. La malade entendit cette
parole : « Les petits seront exaucés. » Une confiance sans bornes s'empare de son cœur affligé.
On donne la bénédiction du Très-Saint-Sacre-
ment; elle éprouve un bien-être général, qui la
remplit de joie. Mais, craignant une illusion,
elle ne communique son bonheur à personne.
Après avoir encore prié, confiante, elle entre-
prend de monter seule à la chapelle, par le
chemin en lacets à l'occident du sanctuaire. Elle
arrive à l'église, où elle assiste à une grande et
belle cérémonie, qui dure près de deux heures.

Sœur Anne vint la rejoindre. La pluie était

aussi venue, tombant par torrents, ruisselant sur les belles et glorieuses bannières de Nantes, trempant aussi les pieds, les vêtements et le corps de la pauvre hydropique. Mais une force intérieure la soutenait; et c'est à pied qu'elle veut revenir à la ville. Sœur Marthe, ébahie, l'exhortait à la confiance.

La bonne Sœur installa sa malade chez Jean Sajous aîné, rue de la Grotte, et s'en revint elle-même au sanctuaire assister à la procession aux flambeaux; puis, retenue par la pluie et par la piété, elle passa la nuit dans l'église avec de nombreux pèlerins.

Inquiète sur son infirme, elle eut hâte d'aller la rejoindre de grand matin. A cinq heures, elle la trouva levée depuis longtemps et pressée de partir pour l'église. Une voiture les y transporte. Elles entendent la sainte Messe; elles communient, et, malgré les torrents de pluie, elles descendent à la Grotte.

La pauvre hydropique, en dehors de la grille, en face de la Madone blanche, se prit à prier dans toute l'effusion de son âme. « Là, écrit-elle, je me suis sentie guérie; plus d'enflure; je ne sais comment l'eau de l'hydropisie est disparue; plus de douleur; je marchais aussi facilement que si je n'avais jamais souffert. »

Cette fois, elle ne cache plus le don de Dieu.

Elle obtient d'entrer dans la Grotte. À genoux contre le rocher, elle y colle ses lèvres avec une émotion qui éclate dans tout son être. L'émotion des spectateurs est grande aussi. Quand elle sort de la Grotte, elle est environnée par la foule, qui la presse de félicitations et de demandes ; les dames lui baisent les mains, l'embrassent en pleurant.

Mais l'heure anticipée du départ pressait. Mme Ancelin se dérobe à la foule et marche sans nul appui jusqu'au pont du Gave. Une voiture passe ; elle en profite pour gagner du temps. On s'arrête un instant chez l'hôte de la nuit, Jean Sajous. Celui-ci est heureux de cette merveilleuse guérison. La veille, des soupçons peu charitables avaient involontairement traversé son esprit. Il fait assaut de générosité avec ces dames pour ne point recevoir le prix de l'hospitalité qu'il a donnée.

La voiture porte les pèlerins aux abords de la gare, déjà encombrée par la foule. Mme Ancelin descend joyeuse, prend ses bagages et un bidon de six litres d'eau de la Grotte, et, marchant aussi lestement que tout autre, elle va à travers les cours de la gare rejoindre son wagon numéro 8, où cette fois elle monte sans nul secours.

Il était onze heures, et l'on n'avait pas songé à déjeuner. Le panier de sœur Marthe déploie les provisions, auxquelles on fait honneur. Le retour fut une fête; on pria, on chanta, durant les heures désormais courtes. *Euntes ibant et flebant... Venientes autem venient cum exultatione.*

A Nantes, Mme Ancelin revint à son domicile à pied et sans aucun appui. Depuis ce jour, elle fait de longues courses, comme si elle n'avait pas été malade. L'hydropisie, entièrement disparue, n'a pas laissé de traces. Les rigueurs de l'hiver dernier n'ont pu déranger cette santé rajeunie.

Un savant et consciencieux rapport de cette guérison a été fait par M. le docteur Eugène Thibaut. Monseigneur l'évêque de Nantes, après avoir interrogé Mme Ancelin, a ordonné une enquête minutieuse, dont ce récit est le résumé. Tous les chrétiens de Nantes remercient Notre-Dame de Lourdes d'avoir récompensé par ce miracle leur tendre amour pour son béni sanctuaire de la Grotte.

XXXI

Tympanite. — Guérison de madame la baronne de Lamberterie.

A la suite d'une chute de voiture très-grave, Mme la baronne de Lamberterie, née Anna-Thérèse-Adeline de Boislinard, fut retenue dix-huit mois sans marcher; elle ressentait des douleurs dans le côté droit; le foie surtout lui causait de fréquentes crises de vomissements accompagnés de migraines affreuses. Les eaux de Baréges, celles du Mont-d'Or, et plus tard celles de Vichy, suivies pendant sept années, enrayèrent un peu la maladie de foie et permirent à Mme de Lamberterie de marcher.

Mais, au mois d'août 1868, une nouvelle chute de voiture très-violente aggrava son état, au point de ne plus lui permettre qu'un peu d'exercice à pied ou en voiture, toujours suivi de vomissements et de longues souffrances. Le côté droit devint alors très-gros, les reins très-faibles. Au bout de trois ans et demi de réclusion presque absolue, qui permettait seulement à la malade d'aller à l'église dans un tricycle ou une chaise à porteur, le mal empira à tel point, que les crises rapprochées et violentes obligèrent Mme de Lamberterie à rester au lit ou sur son fauteuil. Elle fut alors privée d'aller chercher à sa paroisse, cependant très-proche, les consolations et les forces que donnent les Sacrements. En février 1872, on la trouva assez malade pour lui porter la communion dans son lit, ce qui provoquait parfois des accidents pénibles.

Plusieurs neuvaines avaient été faites par la famille, les amies, des établissements religieux, au Carmel de Tulle surtout, où Mme de Lamberterie avait le bonheur d'avoir une fille, sœur Marie-Thérèse de l'Immaculée-Conception. On en avait fait une, en mai 1870, à Notre-Dame de Lourdes, qui avait amené une amélioration, mais pour quelques heures seulement. Toutes les autres à Notre-Dame des Anges et à saint Joseph furent toujours suivies de souffrances si affreuses, que c'était à croire qu'elles amèneraient la fin de ce long martyre. Il paraissait du reste toucher à son dénouement; la malade ne pouvait plus remuer; le volume du ventre était énorme; les digestions se faisaient avec peine; une tympanite s'était ajoutée depuis sept mois à ces accidents et à plusieurs autres intérieurs et extérieurs, constatée souvent par trois médecins habiles, et déclarée incurable. Tous ces accidents laissaient à peine à Mme de Lamberterie la faculté de quitter son lit entre les crises rapprochées qui l'y retenaient, pour être placée dans un fauteuil roulant, où elle était condamnée à l'inaction, tous les mouvements étant déclarés dangereux, ainsi que la moindre secousse.

Depuis le mois de septembre 1872, la malade n'avait pas eu de répit dans ses cruelles souffrances ; les nuits et les jours étaient de plus en plus douloureux, et tous les remèdes ordonnés par des médecins éclairés, instruits et tout dévoués, ne pouvaient la soulager ; elle ne réclamait plus que des prières, pour avoir la force et le courage de supporter patiemment ses dernières épreuves.

C'est alors que sa fille, Mme Alexandre de Bosredon, exprima le désir de suivre le pèlerinage du Périgord à Lourdes, pour obtenir sa guérison. Mme de Lamberterie employa toute son influence pour empêcher ce voyage et ne pas éloigner une mère de ses petits enfants, de sa famille et d'elle, au moment où elle pouvait avoir à réclamer les dernières preuves de sa tendresse filiale. Mais Dieu le voulait, et tout s'arrangea pour qu'une neuvaine commencée avec la France pût se terminer au sanctuaire de la Vierge-

Immaculée, le 7 octobre, à Lourdes, où trois des enfants de la malade étaient réunis, Mme de Bosredon, M. et Mme Adhémard de Lamberterie.

La baronne de Lamberterie ne voulut pas refuser de s'associer à ces ferventes prières, adressées pour sa guérison par une famille entière et tant de saintes âmes. Convaincue que Marie pouvait la guérir, elle se borna, en buvant de l'eau de la Grotte et faisant la neuvaine, à demander la volonté de Dieu, n'osant réclamer une vie qui était si triste et si pénible depuis de longues années.

Au troisième jour de la neuvaine, elle put en silence apprécier une légère amélioration dans son état. Bientôt le volume énorme du ventre diminua; au septième jour, il avait dix-huit centimètres de moins; l'usage du bras droit était en partie retrouvé, et un changement général en mieux lui fit comprendre que Notre-Dame de Lourdes avait jeté un regard de miséricorde sur elle et était accessible à tant de vœux et de prières adressés pour elle.

Le huitième jour, dans la soirée, Mme de Lamberterie fut reprise de violentes douleurs qui faisaient craindre qu'elle ne pût communier; mais le Dieu de consolation vint la visiter sur son lit de souffrance, et, peu après, elle fut de mieux en mieux, et put essayer de remuer et de marcher. Tout danger de mort avait disparu, comme trois médecins le constatèrent successivement; bientôt la convalescence permit à Mme de Lamberterie d'aller à sa paroisse communier le jour de la Toussaint.

Une guérison si inattendue, si miraculeuse, provoqua chez l'obligée de Marie un besoin irrésistible d'aller remercier sa Bienfaitrice. Malgré les représentations et beaucoup d'inquiétudes manifestées, elle partit avec sa fille, qui avait d'avance promis à la Vierge-Immaculée de conduire sa mère guérie à sa Grotte. Le 6 décembre 1872, Mme la baronne de Lamberterie, Mme de Bosredon et M. Albéric de Lamberterie, son fils le plus jeune, arrivaient dans ce pays privilégié; là, une crise assez forte vint éprouver la voyageuse, mais non la décourager; car le long trajet de Brive à Lourdes s'était fait sans fatigue, et cependant depuis quatre ans et demi elle n'avait pu faire une course ni à pied ni en voiture.

Le 7, le mieux était arrivé, et elle avait la consolation d'aller prier dans les églises et dans la Grotte, pour remercier sa puissante Protectrice. Le 8, jour de l'Immaculée-Conception, Mme de Lamberterie assistait aux offices, recevait la communion des mains de Mgr l'Évêque de Tarbes, puis sa bénédiction spéciale avec sa fille. La

veille, elle avait été à la piscine chercher de nouvelles forces et une nouvelle vie dans cette eau
qui l'avait guérie à cent cinquante lieues de
distance. Avant son départ, elle s'y est plongée
deux fois encore avec foi et reconnaissance.
Oh! ce mot est impuissant à rendre ce qu'elle
éprouve, et Dieu seul peut connaître le désir
qu'elle a d'en témoigner par ses œuvres. Elle
compte sur l'indulgence maternelle de Notre-
Dame de Lourdes pour l'assister et lui tenir
compte de ses bonnes intentions, en faveur des
saintes prières qui se sont élevées vers elle pour
obtenir sa guérison, et qui montent encore vers
son sanctuaire pour la remercier et la bénir tous
les jours.

Depuis son retour de Lourdes, Mme de Lamberterie continue à marcher, et sa guérison s'est
de plus en plus affirmée par différents voyages
qu'elle a pu faire sans trop de fatigue, pour aller
voir ses enfants. Son mari suivait à Lourdes, au
mois d'avril, le pèlerinage de la Corrèze, heureux
d'aller prier et remercier la Vierge-Immaculée
de la Grotte.

La maladie de Mme la baronne de Lamberterie,
qui avait été produite par deux chutes violentes
de voiture, et qui l'avait retenue au lit pendant
plusieurs années, aurait eu, malgré les soins
assidus et intelligents de trois médecins dévoués,

une issue funeste, sans l'eau du sanctuaire de Lourdès.

Les attestations des hommes de l'art sont là pour prouver l'impuissance de la science, dans ce cas si important, et la merveilleuse action d'une eau simple, découverte par Bernadette.

XXXII

Hydrométrie. — Louise Lieutaud, de Toulon.

L'hydrométrie est une maladie fort rare, appartenant aux sécrétions morbides.

Je vais citer un fait établissant l'existence de cette maladie, sa longue durée, l'impuissance de tous les moyens curatifs qu'on lui opposa durant plusieurs années, et sa guérison rapide au sanctuaire de Lourdes :

« Toulon, le 8 mars 1872.

» Que Notre-Dame de Lourdes soit louée et remerciée pour sa miséricorde inépuisable !

» Depuis treize ans, j'étais atteinte d'une hydrométrie qui avait résisté aux divers traitements que j'avais suivis pendant six ans. M. le docteur Cabissol, qui jouissait à Toulon de la confiance générale, m'avait donné les soins les plus attentifs ; mais tous les remèdes étaient demeurés sans résultat. Les différentes eaux thermales où

j'étais allée n'avaient eu également aucun effet;
le docteur m'avait dit 'bien souvent que ma
maladie était si rare, qu'elle rendait la médecine
impuissante pour moi.

» Fatiguée de l'inutilité de tout ce que j'avais
fait, je ne voulus plus essayer aucun remède, et
depuis sept ans j'avais tout abandonné, j'avais
seulement continué à boire de l'eau minérale
pendant mes repas; cette eau me donnait quelque
soulagement en aidant la digestion, sans toutefois empêcher la maladie de s'aggraver. Je ne
pouvais pas manger le plus petit fruit, ni légume
frais, sans ressentir aussitôt des étouffements;
j'éprouvais beaucoup de difficulté pour marcher;
j'avais le matin un assoupissement léthargique
tellement fort, qu'il m'était impossible de faire le
plus léger mouvement, ni de prononcer aucune
parole. Depuis quelques années, cet assoupissement se prolongeait et me retenait au lit presque
chaque matin jusqu'à onze heures ou midi; il
finissait très-rarement plus tôt.

» Indépendamment de cet état journalier de
souffrance, j'avais, à des distances très-rappro-
chées, après quelques jours d'intervalle, des
crises plus fortes, qui duraient trois, quatre et
quelquefois huit et quinze jours, pendant lesquelles j'étais forcée de garder le lit.

» Le 17 juillet 1871, je partis pour Lourdes

très-fatiguée; j'avais été obligée de rester au lit douze jours. J'espérais avoir un temps d'arrêt pour faire le voyage, comme cela m'arrivait après une longue crise. En effet, je restai neuf jours à Lourdes, durant lesquels j'eus le bonheur d'aller tous les matins à la Grotte. Mais je sentais que je n'étais pas guérie; j'avais pu me lever pendant les neuf jours, mais tard et non sans les souffrances ordinaires. La veille du jour où je devais terminer la neuvaine, la lassitude était si forte, que je fus obligée de rester toute l'après-midi étendue sur mon lit. Je sentais l'eau s'amasser comme d'habitude et tous les phéno-mènes avant-coureurs ordinaires d'une longue crise; mais, contrairement à ce que ces divers symptômes m'annonçaient, j'eus le bonheur de pouvoir aller le lendemain à la Grotte entendre la sainte messe, faire la sainte communion et boire à la fontaine comme les autres matins.

» Depuis ce jour, plus de sept mois se sont écoulés, et je n'ai plus rien eu. Je prends de toute espèce de nourriture; je me lève tous les jours et à l'heure que je veux; je puis marcher autant que je veux; l'enflure produite par l'hydropisie a disparu; enfin, je ne sens plus aucun symptôme de cette triste maladie que j'ai gardée si long-temps.

» Je ne puis attribuer ma guérison qu'à la

protection toute-puissante de l'Immaculée-Conception, et je publie ce bienfait de sa bonté afin qu'il soit un hommage de plus rendu à la gloire de la Mère des affligés.

» Louise LIEUTAUD. »

———

XXXIII

Surdi-mutité. — Aurélie Bruneau, de Montbazon.

La surdi-mutité de naissance provient certainement d'un vice d'organisation dans quelqu'une des parties composant l'oreille interne. Quiconque a étudié avec soin les diverses fractions de l'organe de l'ouïe, d'une ténuité extrême, sait qu'un léger défaut de structure normale suffit pour annuler ce sens si nécessaire à la vie de relation, et dont la privation entraîne nécessairement un mutisme absolu.

Cet état de surdi-mutité, réputé incurable, ne l'a pas été toujours; voici une guérison obtenue au moyen de l'eau de la fontaine de Bernadette, qui va parfaitement le démontrer :

« Aurélie Bruneau, née à Chabris (Indre), le 24 avril 1853, sourde-muette de naissance, ainsi que l'affirment ses parents et les notables de la localité, comme le constate aussi le docteur De la Mardelle, fut placée dans une institution de sourdes-muettes, à Orléans. Les Sœurs de cet établissement déclarent que jamais elle n'a pu percevoir aucun son.

» M. Bruneau, son oncle, aujourd'hui notaire à Montbazon, la conduisit à l'âge de quatre ans à Paris, où le docteur Delot, rue de Sèvres, 2, lui donna des soins, et déclara qu'elle était atteinte d'une surdi-mutité de naissance des plus caractérisées et que jamais elle n'entendrait.

» Cette jeune personne venait tous les ans passer un ou deux mois chez son oncle, à Montbazon. Au commencement d'octobre dernier, elle y est venue, à la rentrée des classes, accompagner sa sœur, qui est en pension chez les religieuses de Saint-Martin. De Montbazon elle est conduite à Lourdes par Mme Bruneau, sa tante, et Mme Champion, de Chabris; sa mère, étant souffrante, ne pouvait l'accompagner. Elle rencontre Constance Létat, de Blois, sourde-muette comme elle, et qui, comme elle, allait à Lourdes en pèlerinage, pour obtenir sa guérison.

» Constance est guérie à la Grotte, mais Aurélie revient avec son infirmité et bien désolée... Cette pauvre enfant, pieuse et intelligente, écrivait à M. le curé de Montbazon : « Mon amie heureuse, elle guérie, elle entendre !... Moi pas, moi malheureuse, moi pas entendre, moi pas assez pieuse... »

» La Supérieure des Sœurs de Montbazon la voit, lui dit de ne pas perdre confiance, de prier, que Marie veut la guérir dans cette paroisse qui lui est spécialement consacrée. Elle lui promet de faire une neuvaine, à cette intention, à Notre-Dame de Lourdes. Mme Bruneau prie la Supérieure de prendre sa nièce comme pensionnaire, pendant la neuvaine, afin qu'elle soit plus recueillie. La neuvaine est commencée le mercredi, dans la chapelle du Sacré-Cœur de Jésus. Sur l'autel, devant l'image du Sacré-Cœur, on place une petite statue de l'Immaculée-Conception et l'on invoque Marie sous ce glorieux titre : *Immaculée-Conception, reine du Cœur de Jésus!*

» Neuf cierges brûlent sur l'autel, on récite les litanies de Notre-Dame de Lourdes, on met de l'eau de la Grotte dans les oreilles de la jeune fille.... elle en boit.... on récite également le rosaire. Le troisième jour de la neuvaine, à la récréation du soir, pendant le chant d'un cantique à Marie Immaculée, une pensionnaire, Alice Bruneau, cousine d'Aurélie, frappe sur une table par inadvertance. Aussitôt la sourde-muette fait un soubresaut, et montre par des signes qu'elle entend. On avertit la Supérieure, qui la fait venir près de l'harmonium et lui joue le cantique. Aurélie est comme ravie... Elle fait la distinction du chant d'avec le son de l'instrument... On la soumet à d'autres épreuves : on sonne, on frappe, et toujours elle entend... Émues, attendries par le prodige, les Sœurs et les pensionnaires tombent à genoux et chantent plusieurs fois : *Regina, sine labe concepta...* Ensuite on monte à la chapelle, on récite de nouveau les litanies, on soumet la jeune personne à de nouvelles épreuves, elle entend toujours... Le lendemain matin, elle entend sonner le réveil, elle distingue le battement d'une montre... Elle essaie de prononcer, d'articuler quelques syllabes en rapport avec le son qu'elle entend. Depuis, on lui apprend à parler comme à une enfant; n'ayant jamais rien entendu, c'est un second travail pour elle que de distinguer la différence des sons, et d'en comprendre la signification.

» Bien des personnes, venues pour la voir, l'ont soumise à des épreuves et ont reconnu qu'elle entendait parfaitement. Le père et la mère avertis sont arrivés de Chabris, l'âme émue, le cœur rempli de joie. Ils reconnaissent que leur chère enfant entend très-bien, elle qui n'avait jamais perçu un son. Aujourd'hui, ils sont heureux de voir qu'elle fait des progrès dans le langage; car, en effet, elle prononce assez parfaitement un certain nombre de paroles, elle récite de mémoire le *Pater* et l'*Ave Maria*, en français, de manière à se faire comprendre.

» Au 1er janvier, conduite à Chabris, tous ceux qui l'ont vue et entendue ont été émerveillés;

M. le docteur De la Mardelle, médecin de sa famille, l'a soumise à bien des épreuves, l'a examinée, et il nous écrit : « Mlle Aurélie Bruneau a recouvré *l'ouïe et la parole;* selon nous, la guérison demeure certaine... La sourde-muette entend, elle parle, et *c'est parce qu'elle entend qu'elle parle.* » — Il conclut en disant : « Cette guérison, obtenue en dehors des procédés ordinaires de la nature, et sans le concours de la science médicale, chimique ou chirurgicale, apparaît revêtue du *caractère surnaturel.* »

» Et depuis, nous nous demandons pourquoi Montbazon a été choisi par Marie pour opérer ce prodige ! Pourquoi pas à Lourdes ? Pourquoi pas à Chabris, où habitait cette jeune infirme ?... Et nos cœurs sont pénétrés d'une vive reconnaissance... et nos regards se portent vers la statue de la Mère de Dieu, élevée sur la tour...

» La piété de Mlle Aurélie ne fait que s'accroître. On voit qu'elle jouit, qu'elle est heureuse d'entendre et de parler...

» Gloire à la Vierge-Immaculée !!! »

XXXIV

Observations générales sur les guérisons opérées à Lourdes.

Les observations qui précèdent, concernant des maladies graves, bien différentes les unes des autres, rebelles à tout traitement médical et guéries subitement par l'eau de la fontaine de Lourdes, devraient actuellement porter bien des esprits sérieux, mais difficiles à convaincre, à s'en occuper, dans l'intérêt de la vérité.

Cette étude, bien faite, fournirait sans doute à la médecine des aperçus nouveaux et pourrait jalonner une voie où la science s'engagerait utilement.

La terminaison différente des maladies traitées par le médecin et des maladies qui disparaissent sous l'action puissante de l'eau de la fontaine de Bernadette, prouve qu'il y a, dans ces moyens de curation, des différences capitales qu'il faut indiquer ici.

Quand une affection aiguë grave atteint une

personne bien constituée et qu'elle poursuit sa
marche, il arrive très-souvent que la médecine
ne peut, malgré le traitement le mieux approprié
à la nature de la maladie, qu'éloigner la mort.
La maladie change de caractère; elle devient
chronique, après avoir altéré profondément les
organes et jeté ainsi dans l'économie une cause
persistante de faiblesse, de malaises de toutes
sortes, réduisant la vie à un état si pénible, que
les personnes tombées dans cette difficile position préféreraient souvent la mort à une existence pareille.

Ces états si fréquents, qui font le désespoir
des malades et qui sont l'écueil de la science
humaine, trouvent souvent, devant le sanctuaire
de Lourdes, une fin prompte, instantanée.

Les malades commencent par éprouver des
douleurs excessivement vives dans les parties
atteintes. Si ce sont des membres paralysés qui
reprennent leurs mouvements et leur sensibilité
anéanties depuis bien des années, les douleurs
qui s'y développent indiquent le rétablissement
de leurs fonctions, sous l'action de courants
nerveux éteints depuis longtemps, et de la régénération des pulpes nerveuses, qui recommencent
à fournir la vie aux parties qui l'avaient pour
ainsi dire perdue.

Pour que la pénétration du fluide nerveux

s'effectue instantanément au travers de conduits flétris, desséchés, il semble qu'il faille une force d'impulsion très-vive qui distende largement ces conduits et les soumette ainsi aux douleurs inséparables d'effets pareils.

Ce travail de régénération est d'une promptitude extraordinaire. La lecture attentive des observations que j'ai consignées dans ce livre le démontre parfaitement.

Si la guérison s'opère chez des individus pris d'engorgements d'organes intérieurs, comme le foie, l'estomac, etc., etc., ces mêmes phénomènes douloureux se produisent. Ils indiquent toujours la fin de ces graves maladies chroniques.

Je crois avoir démontré par des faits bien authentiques, bien certifiés, que les maladies qui trouvaient leur fin devant le sanctuaire des grottes de Massabielle ne laissaient après elles aucun vestige de leur existence, et que souvent les désordres que l'on constatait dans l'épaisseur d'organes atteints d'engorgements considérables disparaissaient avec la rapidité de l'éclair, sans qu'il fût possible à l'homme de l'art qui les avait parfaitement observés d'en trouver la moindre trace après la guérison des malades.

Pour qu'une déplétion aussi rapide pût s'opérer, il a fallu une force de réorganisation bien extraordinaire, et dont la science humaine n'offre, je crois, aucun exemple.

Une des choses les plus remarquables, après le fait même des guérisons de cette importance, c'est le retour des malades à la santé sans convalescence; car ils passent d'un état voisin de la mort à une santé parfaite, tout comme si leur corps n'avait jamais été soumis au plus petit dérangement.

La terminaison des affections traitées par la science humaine est bien différente. L'homme, après avoir échappé à des maladies graves, qui atteignent les organes les plus essentiels à la vie, ne revient à la santé qu'après avoir traversé cet état intermédiaire entre la santé et la maladie qu'on appelle convalescence; et la convalescence est toujours, pour le danger qu'elle offre, en rapport avec la gravité des maladies. Car, plus une maladie a été intense, plus la convalescence est longue, hérissée de dangers de toute espèce, et exige de la part des malades, des personnes qui les entourent, des médecins qui les soignent, des précautions infinies, pour éviter les rechutes, si souvent mortelles après les affections aiguës.

A la fontaine de Lourdes, la guérison est la fin de toutes les infirmités; et ce qu'il y a de très-remarquable, c'est que les personnes guéries peuvent se remettre immédiatement à leurs exercices accoutumés, sans prendre la plus petite précaution. Leur santé est si raffermie par le changement subit qui s'est opéré en eux, qu'ils peuvent, sans aucun inconvénient, être soumis à bien des épreuves.

Plusieurs des personnes que j'ai vues délivrées ici de longues et douloureuses maladies n'ont jamais éprouvé depuis la moindre indisposition.

En terminant ces appréciations sur les guérisons dues à l'action de l'eau de la fontaine de Bernadette, je n'ai qu'une demande à adresser à tous les lecteurs de ce petit livre, publié à la sollicitation d'un grand nombre de personnes qui désirent être édifiées sur les grandes choses qui s'accomplissent constamment au sanctuaire de Lourdes. Cette demande la voici :

« Si le moindre doute pouvait exister dans leur esprit sur toutes les vérités si bien établies, concernant ce qui s'est produit à Lourdes, au grand jour, en présence de milliers de témoins, je leur demande de venir se placer au milieu de la foule pendant le temps des pèlerinages. Ils pourront ainsi voir par eux-mêmes les malades que ces pèlerinages mènent toujours avec eux, et assister à ces cures qui portent, en même temps que la lumière dans l'esprit, la foi dans l'âme. »

XXXV

**Quelques renseignements utiles aux pèlerins
de Lourdes.**

La ville de Lourdes, qui a une population de cinq mille âmes environ, était, avant le fait religieux qui remue actuellement toute la catholicité, un séjour fort tranquille. La construction du réseau pyrénéen, qui traverse son sol du côté du nord, n'avait pas changé sa situation morale. Quand il n'existait pas, les étrangers qui se rendaient aux thermes de Baréges, de Saint-Sauveur et de Cauterets, situés à l'extrémité sud du troisième arrondissement des Hautes-Pyrénées, dont elle occupe l'extrémité opposée, la traversaient en voiture et lui donnaient, pendant les mois de juin, juillet, août et septembre, une certaine animation. Cette époque passée, elle reprenait sa quiétude ordinaire, sauf le mouvement périodique apporté dans son enceinte par le concours des populations étrangères qui fréquentent ses foires et ses marchés.

Comme je l'ai déjà dit en m'occupant de son

histoire, la ville se trouve admirablement située à l'entrée des gorges qui conduisent dans les magnifiques et nombreuses vallées de nos Pyrénées.

Elle est d'ailleurs sur un sol fertile, et son superbe château l'abrite entièrement contre les vents de l'ouest, qui sont souvent très-violents. Cinq belles routes la mettent en rapport direct avec quatre départements, qui recherchent fort les diverses espèces d'animaux domestiques élevés par les habitants de l'arrondissement, et mis en vente dans les foires et marchés.

La population urbaine, fort industrieuse, se livre activement et avec une grande habileté à la taille de la pierre, du marbre, du schiste, de l'ardoise, que de nombreuses carrières fournissent partout, aux alentours de la ville.

Les maisons de Lourdes sont solidement bâties; elles étaient en nombre suffisant aux besoins de la population jusqu'au moment où les stations religieuses de Bernadette Soubirous, changeant tout à coup l'économie de la ville, en ont fait une immense hôtellerie pour les foules immenses qui accourent de toutes les parties de la catholicité.

Pour donner ample satisfaction à ces besoins nouveaux, des maisons ont été construites sur divers points de la ville; celles qui existaient déjà ont été parfaitement arrangées; les étrangers y trouvent aujourd'hui sans peine à se loger convenablement, suivant leurs goûts et leur fortune.

Ils n'auront pas à se plaindre, en particulier, des hôtels, qui sont nombreux, et offrent en fait de confort tout ce qui peut être désiré par les classes riches de la société.

Pour franchir les distances existant entre la gare, la ville, les grottes de Massabielle, les voyageurs trouveront partout des omnibus et d'élégantes voitures bien conduites.

Lourdes est parfaitement approvisionné en viande de boucherie, volaille de toute espèce, gibier, poisson d'eau douce et de mer, légumes variés. De riches boulangeries sont établies dans les divers quartiers de la ville; de grands magasins de vins, toujours abondamment assortis, peuvent satisfaire les exigences des étrangers.

Tous les objets de piété demandés par les pèlerins se trouvent réunis dans de nombreux magasins, soit à l'intérieur de la ville, soit sur la route qui mène à l'église des grottes de Massabielle.

Je puis donc dire, sans crainte de me tromper, que les visiteurs qui voudront habiter la ville de Lourdes n'ont pas à se préoccuper des nécessités et des douceurs de la vie. Sous ce rapport, Lourdes s'est placé à la hauteur des grandes cités de la France.

Ce beau pays des Pyrénées, si célèbre aujour-d'hui dans toute la catholicité, offre d'ailleurs partout à la curiosité des touristes d'incomparables magnificences.

Dans le beau livre du baron Taylor, membre de l'Institut, intitulé *les Pyrénées*, on lit au sujet de Lourdes :

« ... Nous avons parcouru et dessiné tous les lieux célèbres des Pyrénées, Lourdes, cette belle entrée de la vallée d'Argelès, et son château qui l'a longtemps gardée, et les mille sites, qu'on ne peut que nommer, car, pour les décrire, des livres plus longs que le nôtre ne suffiraient pas. »

Eh bien ! c'est cette ville qui est appelée aujour-d'hui dans toute la chrétienté *la ville sainte;* c'est là que sont survenues ces merveilleuses choses qui ont fixé les regards du monde entier.

Les grottes de Massabielle se trouvent placées dans un site bien remarquable. Rien au monde n'est plus pittoresque; il semble que la main de Dieu se soit plue à entourer ce site de toutes les beautés de la nature.

Contre les premiers chaînons de ces imposantes montagnes, apparaît dans un lieu solitaire une de ces excavations qui n'avait aucune notoriété jusqu'aux prières de Bernadette.

En face et à quelques pas de distance, coule un torrent, produit de la fonte des neiges et des glaciers éternels de ces vastes montagnes, qui, arrivé sous les voûtes des grottes, paraît ralentir son cours et étendre ses eaux en nappe gracieuse, comme s'il voulait associer son mouvement aux mouvements de tous les cœurs qui s'élèvent en adoration vers la demeure céleste de la dame de Bernadette. Un peu plus haut, il mugit, il roule avec fracas. Bientôt, il se ralentit et s'apaise, comme s'il craignait de troubler la paix de ces lieux bénis et les chants de reconnaissance qui sortent ici de toutes les âmes. Non loin des grottes, ses eaux ont repris bien vite leur rapidité ; elles se précipitent vers l'Océan, où elles vont porter les hymnes d'amour et de louange recueillies en passant devant le sanctuaire de Marie.

Ce paysage si beau emprunte encore une grâce infinie à des prairies d'une verdure admirable qu'elles ne perdent jamais : merveilleux encadrement de l'eau qui coule avec lenteur et qui reflète délicieusement toutes les splendeurs de la nature et de l'art. Tout concourt ici à augmenter la beauté de ce site grandiose.

Au-delà de ces belles prairies apparaît une belle voie qui mène dans les riches contrées du Béarn.

Au-dessus de cette voie, comme complément de nos grands moyens de communication, se déploie le réseau pyrénéen. Le voyageur qui va

de l'Océan à la Méditerranée, en suivant la ligne
ferrée posée en face des Pyrénées, doit passer
devant le sanctuaire de la dame de Bernadette;
et, quelles que soient sa religion et ses croyances,
il doit le saluer avec respect, parce qu'il représente sur la terre ce qu'il y a de plus précieux
pour l'homme dans le cours d'une vie si fragile
et si éphémère.

Une troisième voie ordinaire, donnant accès
dans d'autres parties du Béarn, se trouve établie
à une très-petite distance du réseau pyrénéen.

Enfin, ce tableau ravissant est encadré entre
de fertiles coteaux au nord, le château à l'est, et
les premiers mamelons de la chaîne des Pyrénées
au sud et à l'ouest.

Sur le rocher devant lequel Bernadette a vu
la Vierge Marie, s'élève aujourd'hui un temple
splendide, où la catholicité apporte de tous côtés
ses richesses, et qui est devenu l'asile et le
port de milliers d'âmes brisées par les tempêtes
humaines.

Le splendide édifice s'est élevé rapidement sur
ce rocher désert de Massabielle, en laissant
couler cette fontaine bienfaisante qui rend la
santé à tant de malheureux abandonnés par la
science humaine. Il s'est élevé vers le ciel, pour
dire à l'homme qui ne veut croire qu'à la puissance de la matière qu'il y a encore ici-bas une

foi puissante unissant la vie de l'homme, par sa partie immortelle, à l'existence même de Dieu.

Dans ce temple si beau, bien des objets méritent l'attention du voyageur.

La France entière y a déposé, dans le mois d'octobre 1872, de magnifiques bannières. Toutes les villes qui ont un sanctuaire dédié à Marie ont voulu honorer d'une manière particulière ce séjour privilégié de leur Reine, en y envoyant un pieux souvenir de leur amour. De là, aux voûtes et sur les murs de l'édifice ces riches bannières offertes par une foule de chrétiens.

XXXVI

L'église et les nouveaux établissements religieux de Lourdes.

Au milieu de tous ces emblèmes imposants de la foi persistante d'une grande et généreuse nation, apparaissent aussi les témoignages de la piété des divers peuples du monde catholique. Tous ont voulu que ce temple élevé en l'honneur de la bonne Vierge conservât le souvenir du bien qu'elle avait daigné leur faire et de leur profonde reconnaissance.

Ce temple s'élève donc aujourd'hui au sein de la chrétienté, comme l'arche sainte autour de laquelle se réunissent toutes les nations de la terre, dans un élan d'union et de paix.

On admirera, dans le chœur, le splendide maître autel en marbre blanc d'Italie et les beaux lustres qui forment autour de la statue de la Vierge comme les fleurons d'une immense et brillante couronne.

En dehors de cette couronne, on ne saurait

voir sans attendrissement une ceinture de rubis, d'or et d'argent, formée par les mains pieuses d'héroïques soldats qui, au retour d'une guerre sanglante, encore tout couverts de la poussière des champs de bataille, sont venus déposer aux pieds de la bonne Vierge de Bernadette leurs armes et les insignes de leurs grades.

Autour de cet autel, les parois du temple sont recouvertes de milliers de cœurs d'or, dont la série forme des lettres étincelantes, qui retracent aux yeux les paroles de la Vierge à Bernadette : « JE VEUX ICI UNE CHAPELLE ET DES PROCESSIONS, JE SUIS L'IMMACULÉE-CONCEPTION. »

Voyez encore autour de vous ces magnifiques statues qui ornent chacune des chapelles de la nef. Cherchez surtout celle de sainte Anne, apprenant à lire à la Sainte-Vierge : œuvre très-remarquable de M. Millet, un de ces noms qui rendent l'éloge inutile.

Au fond de la nef, en face de la statue de la Vierge, apparaissent de magnifiques orgues, dues à un habile ouvrier de Paris. Cet instrument, offert par de nobles et pieuses Françaises à Notre-Dame de Lourdes, a été solennellement inauguré et bénit, le 6 septembre 1873, par plusieurs évêques réunis, au milieu d'un clergé nombreux et d'un concours immense de fidèles.

Cette cérémonie religieuse, une des plus impo-

santes que l'église de la Grotte ait vues jusqu'ici,
a laissé dans tous les esprits des souvenirs qui
ne s'effaceront plus.

Sur un des côtés et vers le milieu de la nef, on
admirera une chaire en bois de chêne magni-
fiquement sculptée dans le style de l'église,
offerte au sanctuaire de Lourdes par l'évêque de
Marseille, le 4 octobre 1873.

On voit, par tout ce que je viens de faire connaître, quel immense concours de forces et de
dévouements il a fallu, jusqu'à ce jour, pour
faire arriver l'œuvre des grottes de Massabielle
à la grandeur qu'elle a déjà atteinte.

Que d'efforts sont encore nécessaires pour son
achèvement complet !

Cette œuvre est immense comme la cause qui
l'a fait naître. Elle est grande comme le monde
entier qu'elle embrasse. Il faudra bien des années
pour qu'elle puisse s'offrir à l'univers comme
une œuvre achevée.

Mais, pendant que la catholicité entière lui en-
voie chaque jour ses richesses, d'humbles filles,
qui ont fui le monde et qui ont consacré leur
vie à la prière et aux vertus les plus austères, se
réunissent autour de ce temple consacré à Marie,
pour vivre et mourir sous les yeux de cette
bonne mère, qu'elles ne veulent plus quitter.

En face de l'église, s'élèvent pour ces élues

de Dieu des asiles de recueillement et de piété : magnifique couronnement de l'œuvre des grottes de Massabielle !

Rien ne manquera à cette œuvre immense, placée sous la protection de la dame de Bernadette. L'homme déshérité de tous les biens de la terre, accablé par les années et les maladies, pourra trouver ici le pain de chaque jour, préparé par la charité. Il y pourra mourir, emportant dans la tombe, avec les consolations de la religion, l'espérance d'une vie meilleure.

Non loin du temple de Marie, de vénérables Sœurs de l'ordre de Notre-Dame des Douleurs font élever, avec les aumônes de la catholicité, un hospice immense. Puisse cette grande et utile institution être promptement organisée et devenir le complément de cette œuvre si extraordinaire des grottes de Massabielle !

XXXVII

Pie IX, Pape, élevant l'église de la Grotte en Basilique mineure.

PIE IX, PAPE

POUR LA MÉMOIRE DANS LES SIÈCLES A VENIR

Les Pontifes Romains, qui ont reçu de Dieu la charge de l'Église universelle, ont toujours appliqué leur esprit et leur cœur à procurer le bien, la prospérité et la félicité du peuple catholique. Ils ont voulu que les sanctuaires sacrés devenus célèbres par la magnificence des édifices, la splendeur du culte, la vénération des fidèles, fussent aussi rendus plus augustes par des honneurs particuliers et par des priviléges qu'ils leur accordaient selon les temps et les circonstances ; de telle sorte que les temples les plus illustres fussent les plus honorés. De ce nombre est l'Église élevée en l'honneur de la Bienheureuse Vierge Marie dans la cité de Lourdes, au diocèse de Tarbes : et notre cœur a favorablement accueilli les prières de Notre Vénérable

Frère, l'Évêque de Tarbes, qui nous demandait avec instance de décorer cette Église du titre et des droits de Basilique mineure.

A ces Causes : en vertu de Notre Autorité Apostolique, et par les présentes lettres, nous élevons et nous établissons au rang de BASILIQUE MINEURE l'Église bâtie sous le vocable de l'Immaculée Conception de la Mère de Dieu, dans la cité de Lourdes, au diocèse de Tarbes ; et par cette même autorité nous lui donnons et conférons tous les droits, priviléges, prérogatives, honneurs et préséances, qui appartiennent aux Basiliques mineures, soit par le droit, soit par la coutume...

Donné à Rome, à Saint-Pierre dú Vatican, sous l'anneau du Pêcheur, le XIIIe de mars de l'année MDCCCLXXIV, dé notre Pontificat la XXVIIIe.

FIN

TABLE DES MATIÈRES

9 782019 953423